Divyanshu Gupta
Rajesh Verma

Esquemas de seleção de cabeças de agrupamento para redes de sensores sem fios

Divyanshu Gupta
Rajesh Verma

Esquemas de seleção de cabeças de agrupamento para redes de sensores sem fios

Algoritmos para redes de sensores sem fios heterogéneas para aumentar o tempo de vida da rede

ScienciaScripts

Imprint

Cover image: www.ingimage.com

This book is a translation from the original published under ISBN 978-3-659-88641-6.

Publisher:
Sciencia Scripts
is a trademark of
Dodo Books Indian Ocean Ltd. and OmniScriptum S.R.L publishing group

120 High Road, East Finchley, London, N2 9ED, United Kingdom
Str. Armeneasca 28/1, office 1, Chisinau MD-2012, Republic of Moldova, Europe
Managing Directors: Ieva Konstantinova, Victoria Ursu
info@omniscriptum.com

Printed at: see last page
ISBN: 978-620-8-52102-8

ÍNDICE

RESUMO 2

AGRADECIMENTOS 3

LISTA DE ABREVIATURAS 4

CAPÍTULO-1 5

CAPÍTULO 2 19

CAPÍTULO-3 48

CAPÍTULO-4 58

CAPÍTULO-5 66

REFERÊNCIAS 67

RESUMO

A rede de sensores sem fios é uma área emergente e de interesse para os investigadores. Os novos avanços tecnológicos tornam possível uma elevada velocidade de processamento e o tempo de vida das fontes de energia. Nas redes de sensores sem fios heterogéneas, existem dois problemas principais: o primeiro é a dificuldade de gerir nós heterogéneos complexos na rede e o segundo é o tempo de vida da rede devido à elevada carga de operações da rede. O funcionamento da rede inclui um processo importante: o processo de seleção de cabeças de agrupamento. Este processo, por si só, consome uma quantidade significativa de energia dos nós.

Para conseguir um tempo de vida elevado da rede no caso de uma rede de sensores sem fios heterogénea, o processo de seleção de cabeças de agrupamento deve ser eficiente em termos energéticos. Assim, este algoritmo de eficiência energética foi proposto para o processo de seleção de cabeças de agrupamento.

O algoritmo proposto introduz a função probabilística modificada para nós heterogéneos. Os nós são selecionados como cabeças de agrupamento de acordo com esta função probabilística proposta; têm diferentes probabilidades de eleição de CH para cada tipo de nó heterogéneo. Esta função probabilística também inclui um limiar de energia para os nós. Devido a este limiar de energia, os nós com atributos mais elevados são mantidos activos, caso contrário são novamente selecionados como chefes de agrupamento e ficarão esgotados em breve.

O algoritmo proposto em simulação mostra uma melhoria significativa em termos de tempo de vida da rede. Os resultados da simulação mostram aproximadamente mais 17,50% de rondas do que o algoritmo anteriormente proposto. O algoritmo proposto também apresenta melhorias em termos de taxa de mortalidade, que é aproximadamente 0,008 nó/rodada inferior à do algoritmo DEEC.

AGRADECIMENTOS

Do fundo do nosso coração, gostaríamos de expressar a nossa profunda gratidão e agradecimento a todos aqueles que nos ajudaram direta e indiretamente a reduzir o fracasso. Expressamos a nossa gratidão e agradecimento especial a todas as fontes, ou seja, professores, colegas, funcionários, estudantes, livros de referência, revistas e artigos de investigação que nos ajudaram na preparação e publicação deste livro.

Gostaria de exprimir o meu profundo apreço ao Dr. Sukesh Yadav, Chanceler da Universidade JS, ao Dr. Harimohan Sharma, Vice-Chanceler da Universidade JS, ao Dr. RPS Pundhir, Diretor do Instituto JS de Gestão e Tecnologia, a Jayveer Singh Yadav, Secretário do JSIMT, ao Dr. Adanan Quashim, HOD de Engenharia Eletrónica e de Comunicações, por me terem dado a oportunidade de concluir este projeto.

Devo uma gratidão especial ao meu supervisor, Dr. Rajesh Verma, Diretor do RKGIT, Ghaziabad, cuja contribuição em sugestões estimulantes e encorajamento me ajudou a coordenar o meu projeto com êxito.

Gostaria também de agradecer aos meus colegas pelo seu apoio durante os estudos dos trabalhos de investigação. Os meus sinceros agradecimentos ao pessoal do escritório e da administração por terem assegurado o correto preenchimento e arquivo dos inúmeros formulários e papéis.

Estou profundamente em dívida para com os meus pais e todos os meus amigos pelo seu apoio e encorajamento contínuos ao longo dos meus estudos e trabalhos de projeto.

Autor

LISTA DE ABREVIATURAS

- CH.................................Cluster-Head
- BS..............................Base-Station
- WSN..........................Wireless sensor network
- HWSN...................... Heterogeneous wireless sensor network

LISTA DE NOTAÇÕES

- R_C.......................Node radio range
- R_S...................... Node sense range
- H_1...................... 1-hop member
- N.........................Set of generic nodes deployed in network
- T_{max}............... ....Threshold time for initialization
- T_{sh}......................TDMA time frame for a round
- L.........................Data packet size
- N_{UN}.....................Number of unclustered node around each node
- Node degree...........No. of neighbours of each node
- E_{TH}.....................Energy threshold
- E_{re}.......................Residual energy of node
- E_o.......................Initial energy of normal sensor node
- E_{elec}....................Energy dissipated per bit to run transceiver circuit
- E_{fs}......................Free space energy coefficient
- E_{mp}....................Multipath energy coefficient

CAPÍTULO-1

INTRODUÇÃO

A crescente complexidade computacional das redes de sensores sem fios exige que os nós de sensores sejam equipados com uma capacidade de processamento mais potente para poderem desempenhar funções mais complexas, uma vez que podem fornecer mais capacidade computacional para as operações essenciais da rede. As redes modernas são bidireccionais, o que permite controlar a atividade dos sensores no interior da rede. Esta abordagem melhora as operações de gestão, mas também aumenta o atraso dos cálculos devido a funções mais complexas. Neste caso, uma tecnologia melhorada em termos de hardware ou de programa (algoritmos) pode facilitar o trabalho do nó sensor, fornecendo hardware ou esquemas potentes para calcular funções complexas. A implementação do hardware não é rentável, pelo que os algoritmos surgem como uma abordagem rentável para resolver este problema.

As redes de sensores sem fios são amplamente utilizadas em muitas áreas ou aplicações, como a monitorização ambiental ou geo-monitorização, localização e seguimento de veículos, composição do solo, monitorização da irrigação para obter dados em tempo real relacionados com o ambiente[3][4], vigilância de campos de batalha e deteção e seguimento de intrusões[5], monitorização da qualidade do ar para a humidade e poluição do ar, monitorização da qualidade da água e do sistema de rede de distribuição de água, deteção de incêndios florestais, monitorização do estado de máquinas industriais e registo de dados, deteção de deslizamentos de terras e muito mais. Na maioria dos cenários, os nós sensores são implantados à distância em grande número e funcionam de forma autónoma.

Além disso, nestes ambientes sem vigilância, os nós sensores têm uma fonte de energia limitada, como a bateria. O recarregamento destas fontes de energia limitadas não é possível nestes ambientes, pelo que o tempo de vida dos nós sensores é limitado neste cenário. Para resolver este problema hostil, é necessário um algoritmo eficiente em termos energéticos. O algoritmo de eficiência energética ajuda a efetuar operações de rede de forma eficiente em termos energéticos, pelo que o tempo de vida da rede de sensores aumentará.

Assim, no caso das redes de sensores sem fios, há dois problemas principais: a necessidade crescente de mais potência computacional devido à complexidade crescente das operações da rede e a limitação da potência disponível. Um algoritmo tem de lidar com estes problemas básicos para melhorar o seu desempenho.

Este capítulo trata da introdução à rede de sensores sem fios e, em seguida, da arquitetura da rede de sensores sem fios. Em seguida, apresenta os pormenores do problema, as melhorias no algoritmo proposto, a motivação para a abordagem proposta e, por último, a contribuição do autor no algoritmo para ultrapassar os problemas e a estrutura da tese.

1.1 Redes de sensores sem fios:

Uma rede de sensores sem fios é constituída por muitos nós sem fios pequenos, leves e de baixo custo. Estes nós são distribuídos aleatoriamente num local remoto para a deteção de dados físicos, tais como Temperatura, humidade, vibrações, pressão e ruído, etc. A rede de sensores sem fios é uma área emergente para o trabalho de investigação. Por conseguinte, os recentes avanços tecnológicos permitiram o desenvolvimento de dispositivos mais pequenos, de baixa potência e com melhores capacidades a bordo, como a capacidade de processamento de sinais e a capacidade de comunicação sem fios.

Os nós sensores estão ligados entre si através de um meio sem fios, como infravermelhos ou ondas de rádio, consoante a aplicação. Cada nó tem uma memória interna para armazenar informações sobre o pacote de eventos. O nó sensor pode efetuar a agregação de dados através de uma organização eficiente da rede. Esta melhoria é possível devido ao recente desenvolvimento da rede de sensores sem fios.

1.1.1Caraterísticas das redes de sensores sem fios:

• Os nós de sensores utilizam baterias como fonte de energia ou a recolha de energia para a alimentação. Isto ajuda-os a implantarem-se em qualquer lugar que o utilizador queira, seja numa floresta como uma área aleatória ou numa planta como uma área organizada bem conhecida. O nó sensor será implantado e permanecerá lá por um tempo até que o nó esgote a energia disponível.

• A capacidade de lidar com a falha de nós torna a rede de sensores sem fios auto-organizável por natureza, o que desempenha um papel importante na eficiência energética e na gestão simples da rede devido a uma menor sobrecarga de controlo.

• A mobilidade dos nós sensores constitui uma vantagem fundamental em relação a qualquer arquitetura de rede. Graças à mobilidade, é possível cobrir uma área maior com os nós sensores. No entanto, esta caraterística tem um inconveniente em termos de complexidade das operações de rede e gestão devido à mobilidade dos nós.

• A heterogeneidade dos nós sensores oferece vantagens significativas em relação aos nós sensores homogéneos. Isto torna a rede de sensores sem fios mais fiável e expansível. Por outro lado, a heterogeneidade fornece mais tipos de dados do campo ou da região de implantação, uma vez que os nós heterogéneos podem detetar diferentes tipos de dados e transmiti-los à estação de base

• A implantação de nós sensores em grande escala é possível nas RSSF porque estas apresentam uma escalabilidade significativa. Isto deve-se a uma menor sobrecarga de controlo na rede. A escalabilidade da rede é um parâmetro fundamental em termos de custo da rede e de complexidade computacional.

• A capacidade de resistir a condições ambientais adversas foi criada com uma fonte de energia incorporada. O revestimento dos nós de sensores evita que os nós de sensores sejam afectados por más condições ambientais. Isto melhora a estabilidade em condições ambientais adversas sem afetar o funcionamento da rede.

• Os nós sensores sem fios são fáceis de instalar e manter, uma vez que não necessitam de qualquer manutenção adicional.

1.2 Arquitetura da rede de sensores sem fios:

Os nós sensores são distribuídos de forma densa, aleatória ou uniforme na área. Estes nós de sensores criam uma rede de sensores que contém um sumidouro e muitos nós de sensores. Cada um dos nós de sensores implantados encaminha os seus dados detectados para o nó de afundamento ou para a estação de base. Os nós sensores espalhados por uma região comunicam com os seus nós vizinhos. Neste caso, o nó sensor efectua duas operações: a deteção e a geração de dados e a retransmissão dos dados de outros nós para a estação de base. O reencaminhamento ou retransmissão dos dados de outro nó é efectuado através do encaminhamento pelo caminho mais curto. O nó sensor limita-se a reencaminhar o pacote de dados para o seu nó vizinho a caminho da estação de base.

No esquema antigo de RSSF apresentado na figura 1.1, o tempo de vida da rede é curto (estimado em várias centenas de rondas apenas). Porque um grande número de nós cria uma grande carga de dados para a estação de base.

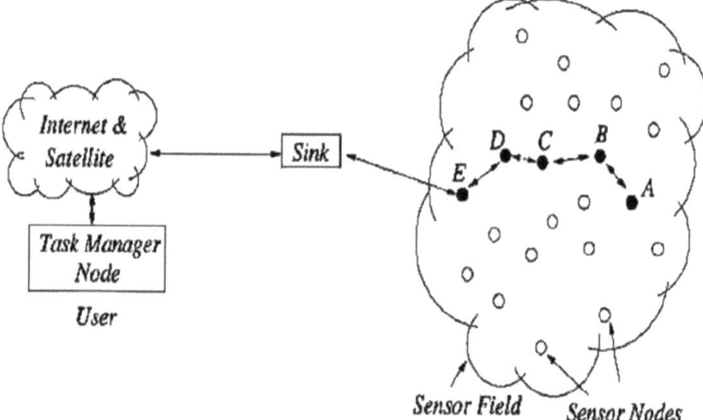

Figura 1.1: Arquitetura básica da rede de sensores

Na implantação em grande escala de redes de sensores sem fios, é necessária uma arquitetura e estratégias de gestão escaláveis para conseguir um tempo de vida útil prolongado da rede, escalabilidade, cobertura e robustez das aplicações. É por isso que o esquema de agrupamento surgiu na rede de sensores sem fios. O esquema de agrupamento fornece uma estrutura organizacional em árvore em diferentes níveis. O chefe do agrupamento e os nós membros formam um agrupamento, ou seja, um grupo de nós. O esquema de agrupamento para redes de sensores sem fios é descrito mais pormenorizadamente como:

O algoritmo de agrupamento de nós provou ser um esquema eficaz devido à menor sobrecarga e à fácil manutenção [1]. Também proporciona uma forma de organizar a rede numa hierarquia ligada ou numa estrutura em árvore. Neste esquema, os nós sensores são agrupados em clusters individuais geograficamente distribuídos, desarticulados e normalmente não sobrepostos. Todos os nós adjacentes pertencem a mais um cluster, de acordo com diferentes mecanismos de formação de clusters. No agrupamento, existe um nó líder, designado por cluster-head (CH). O processo de seleção do CH baseia-se nos atributos de rede do nó. Na rede, um nó que tenha atributos de rede mais elevados entre todos os nós é eleito CH. Os CHs são responsáveis pela coordenação entre clusters e intra-clusters, como a formação de clusters, a recolha de dados, a agregação de dados e a comunicação com as estações de base. Os nós não-cabeça de um cluster, ou seja, os membros do cluster, desempenham diferentes papéis associados a diferentes estatutos, funções e responsabilidades, de acordo com as diferentes utilizações e topologias da rede.

1.2.1Componentes da rede de sensores sem fios Node-Clustering:

Existem muitos algoritmos que sugerem diferentes arquitecturas de redes de sensores sem fios. A maioria deles tem componentes de rede ligeiramente diferentes, mais ou menos adequados à arquitetura sugerida. Assim, os componentes comuns ou principais da rede de sensores sem fios NodeClustering são enumerados a seguir:

- **Nó sensor:**

Um nó sensor é o componente central de uma RSSF. Os nós sensores podem assumir várias funções numa rede, como a deteção simples, o armazenamento de dados, o encaminhamento e o processamento de dados.

- **Aglomerados:**

Os clusters são a unidade organizacional das RSSF. A natureza densa destas redes exige a sua organização em clusters para simplificar as operações da rede. Estes agrupamentos baseiam-se numa arquitetura hierárquica ou numa arquitetura em árvore.

- **Cabeças de cluster:**

Os cluster-heads são os líderes da organização de um cluster. Muitas vezes, são obrigados a organizar as actividades no cluster. Os cluster-heads comunicam a informação agregada ao centro de processamento (também conhecido como estação de base) e mantêm a programação TDMA de um cluster. Estes cluster-heads são selecionados com base no atributo de nó mais elevado.

Estação de base:

A estação de base situa-se no nível mais elevado da rede hierárquica de sensores sem fios. Fornece a ligação de comunicação entre a rede de sensores e o utilizador final.

A estação de base é normalmente um ponto fixo ou um nó com os atributos de rede mais elevados. Mantém registos de todos os nós sensores implantados na rede. A estação de base recebe os dados agregados dos cluster-heads e depois envia-os para o utilizador final para análise.

- Utilizador final:

Os dados recolhidos numa rede de sensores podem ser utilizados para uma vasta gama de aplicações. O utilizador final utiliza estes dados para análise ou monitorização de aplicações específicas. O utilizador final pode estar ligado à estação de base através da Internet ou de um PDA, etc.

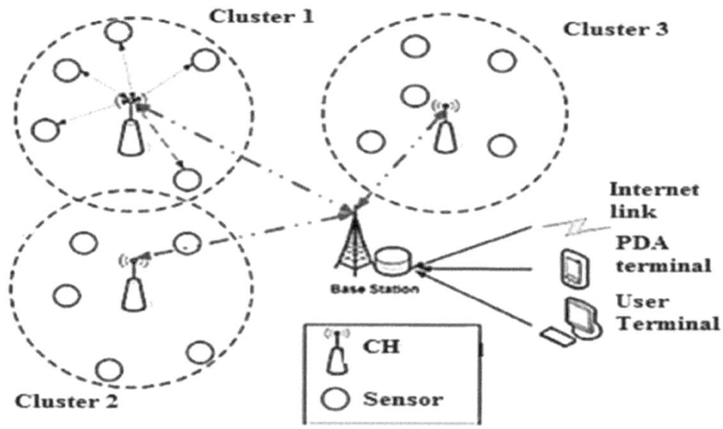

Figura 1.2: Arquitetura de agrupamento de nós de uma rede de sensores sem fios

Basicamente, os esquemas de agrupamento consistem em duas fases:

- **Fase de formação de aglomerados**
- **Fase de manutenção do cluster**

A fase de formação de clusters é referida como a construção de uma estrutura hierárquica de clusters na fase inicial da rede. Nesta fase, procede-se à comparação entre todos os nós instalados. Este processo de comparação compara o "atributo do nó" de cada nó. Esta fase repete-se após cada ronda programada.

Por outro lado, *a fase de manutenção dos clusters* destina-se a atualizar, controlar e gerir as alterações na topologia da rede provocadas pela mobilidade dos nós, por falhas, pela rutura de ligações ou por outras razões. Esta fase está sempre à procura de qualquer alteração na rede de sensores sem fios e mantém os clusters de acordo com essa alteração.

Uma vez que os cluster-heads (CHs) servem de coordenador central da rede e executam as tarefas de deteção distribuída num cluster local. A seleção do CH é uma tarefa importante durante toda a fase de inicialização da rede. O CH é selecionado através da comparação de vários atributos de rede de cada nó instalado. O nó que tiver o atributo de rede mais elevado entre todos os nós é eleito CH.

Quando os primeiros chefes de agrupamento são escolhidos de acordo com regras predefinidas, notificam os seus vizinhos da alteração do estado do nó, difundindo uma mensagem de estado que inclui algumas informações de agrupamento para permitir que os seus potenciais membros se juntem ao chefe de agrupamento. Além disso, uma cabeça de agrupamento consome mais energia do que os nós membros de um agrupamento existente, porque a cabeça de agrupamento tem de executar funções de rede adicionais, como a agregação de dados, a gestão de agrupamentos, a receção de dados de cada nó membro, etc. Assim, um chefe de agrupamento não pode ser mantido para sempre como chefe de agrupamento devido à elevada dissipação de energia. Em caso de falha ou de esgotamento de energia, é necessário eleger um novo chefe de agregado para assegurar o funcionamento da rede, a auto-organização, a auto-regeneração e a robustez face às alterações da topologia da rede, mantendo a conetividade subjacente da rede num ambiente dinâmico.

1.2.2Factores que afectam o desempenho da rede de sensores sem fios Node-Clustering:

O fenómeno de agrupamento desempenha um papel importante nas RSSF, afectando positivamente o desempenho operacional da rede. Mas faltam alguns pontos-chave que são mencionados abaixo, tais como:

- **Energia do Nó:**

A limitação mais importante das RSSF é a fonte de energia limitada dos nós. Na maior parte dos casos, não há recarga ou outra fonte de energia disponível para um nó implantado; geralmente em condições ambientais não vigiadas ou em condições de solo hostis no campo de batalha. Dada a importância deste fator, os algoritmos utilizados nas redes de sensores sem fios devem ser eficientes do ponto de vista energético, de modo a poderem poupar energia aos nós através de operações eficientes do ponto de vista energético.

- **Tempo de vida da rede:**

O tempo de vida da rede é medido pelo número de rondas TDMA efectuadas na rede. Para uma operação de longa duração de uma rede de sensores sem fios, o número de rondas será elevado. Esta contagem depende do número de nós activos/viventes na rede. Assim, para prolongar o tempo de vida da rede, o número de nós activos deve ser o maior possível. É possível prolongar o tempo de vida da rede utilizando um algoritmo de eficiência energética para a rede de sensores sem fios.

- **Atributos limitados:**

Um nó sensor tem capacidades de bordo limitadas, como a potência de computação, a potência de transmissão e a área de cobertura. Com o objetivo de trabalhar com operações de rede complexas na rede, a partilha de recursos em vez de capacidades individuais dos nós é a forma eficiente de ultrapassar este problema de atributos limitados [2].

- **Dependência de aplicação:**

A aplicação executada na RSSF afecta o desempenho do nó. A rede de sensores sem fios é concebida para uma tarefa ou aplicação específica, mas no caso da rede de sensores sem fios heterogénea, a robustez da aplicação é necessária para o bom funcionamento de diferentes tipos de nós.

1.3 Classificação de redes de sensores sem fios agrupadas:

A rede de sensores sem fios pode ser dividida em duas partes, de acordo com os atributos dos nós disponíveis, tais como

- Rede de sensores sem fios homogénea
- Rede de sensores sem fios heterogénea

Ambos os tipos de rede sem fios têm atributos de nó diferentes.

1.3.1Rede de sensores sem fios homogénea:

Nas redes de sensores sem fios homogéneas, todos os nós sensores são idênticos em termos de energia da bateria e de compatibilidade de hardware. Com um agrupamento puramente estático (os chefes de agrupamento, uma vez eleitos, servem durante todo o tempo de vida da rede) numa rede homogénea, é evidente que os nós chefes de agrupamento ficarão sobrecarregados com as transmissões de longo alcance para a estação de base remota e com o processamento adicional necessário para a agregação de dados e a coordenação de protocolos. Em consequência, os nós chefes de agrupamento expiram antes dos outros nós membros. No entanto, é desejável garantir que todos os nós esgotem a sua bateria aproximadamente ao mesmo tempo, de modo a que seja desperdiçada muito pouca energia residual quando o sistema expira. Uma forma de o garantir é rodar o papel de chefe de agrupamento aleatória e periodicamente por todos os nós. No entanto, a desvantagem de utilizar uma rede homogénea e a rotação de funções é que todos os nós devem ser capazes de atuar como chefes de agrupamento e, por conseguinte, devem possuir as capacidades de hardware necessárias.

Atualmente, a rede homogénea não é utilizada na maioria das aplicações devido ao aumento da procura de vários dados de uma rede.

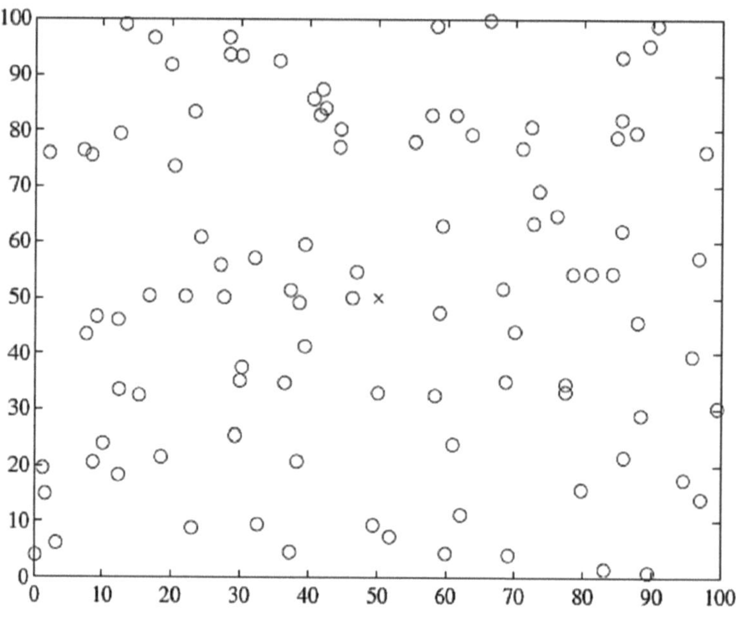

Figura 1.3: Rede de sensores sem fios homogénea

1.3.2Rede de sensores sem fios heterogénea:

Por outro lado, numa rede de sensores sem fios heterogénea, são utilizados dois ou mais tipos diferentes de nós com diferentes energias de bateria e funcionalidades. A motivação é o facto de o hardware mais complexo e a energia extra da bateria poderem ser incorporados em poucos nós de cabeça de agrupamento, reduzindo assim o custo do hardware do resto da rede. No entanto, os nós de cabeça de agrupamento significam que a rotação de funções já não é possível. Quando os nós sensores utilizam o single hopping para chegar ao cluster head, os nós que estão mais afastados dos cluster heads gastam sempre mais energia do que os nós que estão mais próximos dos cluster heads. Por outro lado, quando os nós utilizam o salto múltiplo para chegar ao chefe do agrupamento, os nós que estão mais próximos do chefe do agrupamento têm o maior consumo de energia devido à retransmissão. Consequentemente, existe sempre um padrão de drenagem de energia não uniforme na rede.

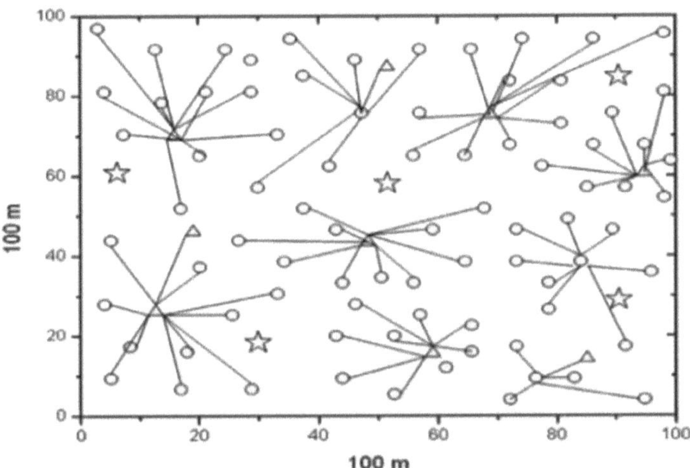

Figura 1.4: Rede de sensores sem fios heterogénea

Na figura 1.4 acima, foram mostrados três níveis de heterogeneidade. Assim, neste caso, existem três tipos de nós:

- O círculo representa os nós normais, que possuem atributos de nó normal na rede. O nó normal encontra-se no nível mais baixo da hierarquia de uma rede heterogénea. Os atributos deste tipo de nó são mais reduzidos do que os de qualquer nó de nível superior. Em comparação com outros nós da rede, o número de nós normais implantados é muito superior ao de outros nós de nível superior.

- O triângulo representa o nó avançado de nível 2nd com mais atributos de nó do que o nó normal, mas menos do que o supernó. Estes nós surgem antes do nó normal e depois do supernó numa rede heterogénea. Este tipo de nó tem um menor número de contagens do que os nós normais.

- A estrela representa o super-nó. Estes nós são pouco numerosos, mas possuem os atributos de nó mais elevados. Estes tipos de nós surgem ao mais alto nível da rede heterogénea.

1.4 Descrição do problema:

No caso das redes de sensores sem fios, os nós sensores têm uma energia inicial inadequada. Devido a esta limitação, o nó sensor esgota-se em algumas centenas de rondas. Este facto afecta diretamente o tempo de vida da rede, uma vez que o tempo de vida da rede depende do número de nós activos/viventes na rede.

No caso das RSSF heterogéneas, os nós sensores podem ser divididos em dois tipos: Nó avançado e nó normal. A principal diferença entre estes tipos de nós é que o nó avançado tem atributos de nó elevados, ou seja, energia inicial elevada ou alcance de transmissão, etc., e o nó normal tem uma energia inicial que é normalmente inferior à do nó avançado.

Na rede de sensores sem fios, os nós avançados são em menor número ou em número limitado do que os nós normais. Assim, os nós avançados são um ativo valioso na rede de sensores sem fios para melhorar o funcionamento da rede.

Na maior parte dos algoritmos heterogéneos disponíveis, este nó avançado é eleito mais frequentemente como CH devido aos seus elevados atributos de nó. No cenário das redes de sensores sem fios, o CH de um cluster é o nó que consome mais energia devido às suas operações extra de rede, por exemplo, a agregação de dados e a transmissão a longa distância para o sumidouro ou a estação de base. Assim, os nós avançados esgotam a sua energia disponível logo a partir de algumas centenas de rondas. Sem estes nós avançados, os nós normais sofrem mais stress nas operações da rede e começam a morrer a uma taxa elevada em poucos milhares de rondas.

Para melhorar o tempo de vida da rede, é necessária uma abordagem adaptativa, que utilize estes nós avançados de forma eficiente em termos energéticos, para que permaneçam na rede de sensores durante mais tempo. Isto ajudará a reduzir o esforço do nó normal e a taxa de mortalidade dos nós por ronda será reduzida.

1.5 Motivações:

No cenário das redes de sensores sem fios, o nó avançado tem maior probabilidade de ser selecionado como CH do que o nó normal. Aqui, os resultados de algoritmos recentes mostram que o tempo de vida da rede pode ser alargado utilizando uma função de probabilidade adequada para ambos os tipos de nós. No sistema clássico de RSSF, ambos os tipos de nós têm a mesma função de probabilidade para a seleção do CH [8], mas nos esquemas actuais o nó avançado e o nó normal têm uma função de probabilidade completamente diferente para a seleção da cabeça do agrupamento. De um modo geral, uma função de probabilidade diferente para a seleção do CH garante que o nó avançado estará vivo durante mais algumas rondas na rede.

Em contraste com o prolongamento do tempo de vida da rede, alguns algoritmos propuseram uma abordagem de limiar de energia para os nós, de modo a que, após este limiar, o nó fique fora do processo de seleção para CH na rede. Mas esta abordagem aumenta a complexidade computacional do nó, o que aumenta o atraso por nó.

1.6 Contribuições:

Este trabalho introduz um algoritmo de seleção de CH melhorado para um ambiente de rede de sensores sem fios heterogéneo que utiliza uma função de probabilidade diferente para o nó avançado e o nó normal com base no limiar de energia residual do nó.

Como no processo de seleção de CH, a probabilidade de um nó se tornar CH é importante. Porque, com uma probabilidade elevada, um nó é eleito CH mais vezes, caso contrário será selecionado por último. A eleição do CH baseia-se em alguns atributos da rede importantes para o seu funcionamento e manutenção. Em caso de heterogeneidade, estes atributos não são os mesmos para todos os nós, o que aumenta a complexidade e o atraso no processo de seleção do CH. Estes atributos podem variar consoante o tipo de nó ou o nível do nó na rede de sensores sem fios heterogénea. No algoritmo proposto para a seleção de CH, estes atributos incluem a probabilidade de seleção de CH de um nó e a distância da estação de base ou do nó de afundamento.

A abordagem proposta reduz o consumo de energia no processo de seleção de CH na rede. Para o processo normal de seleção de CH, é necessário proceder a uma comparação da energia residual de cada nó da rede. No algoritmo proposto, não é necessária essa inundação para o processo de seleção do CH; cada nó sensor calcula a sua energia residual para a ronda seguinte. Esta previsão da energia residual para a ronda seguinte no nó ajuda a evitar a inundação no processo de seleção do CH. Esta previsão é efectuada com base na energia média da rede calculada anteriormente.

Outra abordagem no algoritmo proposto é o limiar de energia; este ajuda os nós avançados a manterem-se vivos durante mais algum tempo. Isto deve-se ao facto de as sugestões de algoritmos anteriores penalizarem os nós avançados em relação aos nós normais num cenário heterogéneo, uma vez que os nós avançados são selecionados como CH com mais frequência. Assim, num curto espaço de tempo, esgotam a sua energia disponível e tornam-se nós mortos. Através do limiar de energia, estes nós avançados são mantidos vivos e tratados como nós normais quando a energia residual do nó é inferior ao valor do limiar. Como os nós avançados estão activos na rede, a carga de operações da rede torna-se menor em cada nó (estratégia de rede distribuída). Isto resulta num aumento do tempo de vida da rede de sensores.

1.7 Estrutura do livro:

Este livro está dividido em cinco capítulos. O livro está organizado da seguinte forma: o Capítulo 1 apresenta a rede de sensores sem fios agrupados, o Capítulo 2 está relacionado com a literatura detalhada e os trabalhos relacionados com a rede de sensores sem fios heterogénea. O Capítulo-3 trata da descrição pormenorizada do algoritmo proposto e o Capítulo-4 contém a análise dos resultados, enquanto o Capítulo-5 inclui a conclusão e o trabalho futuro relativo à melhoria do algoritmo proposto.

CAPÍTULO 2

ESTUDO DA LITERATURA E TRABALHOS RELACIONADOS

A rede de sensores é uma nova área interessante e emergente entre os investigadores devido à sua capacidade de auto-organização e à topologia dinâmica da rede de sensores sem fios, o que a torna fácil de implementar e gerir. Os principais desafios das redes de sensores sem fios são a estabilidade da rede e o seu tempo de vida. Estas são as principais questões a tratar, porque o aumento da procura de redes de sensores sem fios torna-as instáveis em termos de topologia e agrupamento, e as operações complexas da rede aumentam a procura de energia.

No caso das RSSF heterogéneas, há muitos algoritmos propostos com várias melhorias em termos de eficiência energética, agregação de dados, menor atraso, processo de seleção de cabeças de agrupamento e gestão de agrupamentos.

Os algoritmos de redes de sensores heterogéneas dividem os nós implantados em níveis de heterogeneidade. Com base nestes níveis de heterogeneidade, estes algoritmos suportam pelo menos dois níveis de heterogeneidade e alguns algoritmos avançados suportam também heterogeneidade a vários níveis. Por conseguinte, a gestão destes algoritmos propostos anteriormente é complexa.

Na maioria das implantações de rede, são utilizados dois ou três níveis heterogéneos para evitar a complexidade das operações de rede e para manter a estabilidade da rede.

Este capítulo apresenta a taxonomia de vários algoritmos de agrupamento e métodos de agrupamento, seguida de vários algoritmos de agrupamento propostos anteriormente, categorizados em algoritmos probabilísticos e não probabilísticos.

2.1 Classificação dos algoritmos de agrupamento:

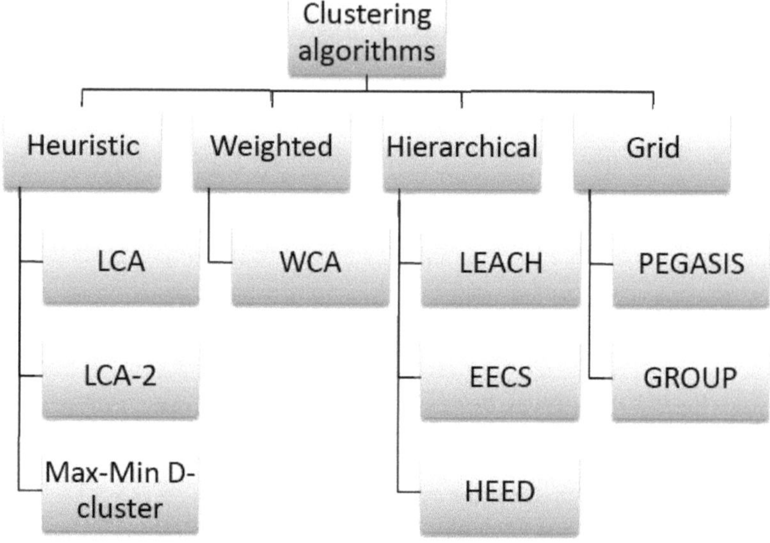

Figura 2.1: Classificação dos algoritmos de agrupamento

De um modo geral, os algoritmos de agrupamento dividem-se em quatro categorias principais:

1. Algoritmos de agrupamento heurísticos

2. Algoritmos de agrupamento ponderado

3. Algoritmos de agrupamento hierárquico

4. Algoritmos de agrupamento em grelha

Dentro destas 4 categorias, existem muitos algoritmos propostos. Todos eles têm abordagens diferentes para melhorar o desempenho da rede. Estes esquemas de agrupamento são descritos da seguinte forma

2.1.1 Algoritmos de agrupamento heurísticos:

No algoritmo de agrupamento heurístico, a seleção do chefe de agrupamento depende do Node-ID e da distância do nó de afundamento, contada em saltos. Todos os nós transmitem os seus atributos a todos os nós da rede. Ao receber esta mensagem difundida, cada nó mantém uma tabela de comparação por ordem ascendente. Por fim, o nó com mais atributos é eleito como CH.

Por exemplo, o algoritmo de agrupamento local (LCA), o LCA-2, o algoritmo de agrupamento de conetividade mais elevada e o algoritmo de agrupamento Max.-Min D utilizam o mesmo procedimento para selecionar o CH. O algoritmo Max.-Min. O algoritmo Max.-Min. D-clustering é mais eficiente em termos energéticos porque utiliza um esquema de inundação local e global de dois tipos, o que permite poupar alguma energia em relação ao esquema de inundação global.

2.1.2Algoritmos de agrupamento ponderados:

Este algoritmo utiliza o peso do nó para selecionar o CH na rede. Este tipo de esquema de agrupamento é eficiente do ponto de vista energético, mas não é escalável porque, no caso de uma rede de grandes dimensões, a base de dados de comparação torna-se muito grande, o que provoca atrasos na seleção do CH. O atraso na seleção do CH não é viável para a rede. O atributo NodeWeight consiste na potência de transmissão do nó, na energia residual e no grau do nó (número de nós vizinhos).

Por exemplo, o algoritmo de agrupamento de peso utiliza o mesmo atributo Node-weight para o processo de seleção do CH. Este Node-Weight consiste na funcionalidade MAC, na distância média do vizinho, na mobilidade do nó e na potência disponível no nó. Para calcular o Node-Weight, o peso correspondente de cada atributo é considerado e é calculado um valor médio.

2.1.3Algoritmos de agrupamento hierárquico:

O algoritmo de agrupamento hierárquico divide a rede em agrupamentos; um pequeno grupo é constituído por alguns nós membros. Este esquema proporciona eficiência energética e escalabilidade à rede de sensores sem fios. A gestão do agrupamento hierárquico é fácil. Este esquema organiza todos os nós numa estrutura em árvore de acordo com os níveis dos nós. No topo, o nó sumidouro, depois os chefes de agrupamento, seguidos dos nós subsensores.

Para os níveis de agrupamento, o me tem em conta os atributos dos nós. Para a seleção do CH, este esquema utiliza a energia residual do nó e a distância da estação de base para comparação.

Existem muitos algoritmos propostos sob o esquema hierárquico. Os esquemas mais populares LEACH e HEED utilizam os mesmos atributos para a seleção do CH. Estes algoritmos apresentam um desempenho de rede significativamente melhor do que os algoritmos anteriores.

2.1.4Algoritmo de agrupamento em grelha:

Os algoritmos de agrupamento em grelha introduziram uma melhor gestão dos nós móveis ou estáticos e do agrupamento. Este esquema utiliza localizações GPS em relação ao ID do nó no registo da estação de base. Ao utilizar este registo, a estação de base sabe tudo sobre a concentração dos nós e tem conhecimento dos nós móveis. Isto melhora o resultado do desempenho em termos de melhor escalabilidade e estabilidade da rede.

O algoritmo de recolha eficiente de energia no sistema de informação de sensores (PEGASIS) e o algoritmo de agrupamento baseado em grelha (GROUP) são bons exemplos de esquemas de grelha. Estes algoritmos utilizam um limiar de posição baseado na mobilidade do nó e na densidade do nó para o processo de seleção do CH.

2.2 Métodos de agrupamento:

Existem vários métodos de gestão de clusters. Estes métodos mostram como um cluster é organizado e mantido com o número de nós membros. Cada método tem a sua própria especialidade, alguns deles proporcionam uma melhor eficiência energética, outros proporcionam também a escalabilidade da rede. Existem três tipos de métodos de agrupamento para redes de sensores sem fios agrupadas:

2.2.1Agrupamento centralizado:

Neste esquema de agrupamento, todos os nós são representados por um único agrupamento. O agrupamento centralizado fornece um controlo centralizado sobre todos os nós para as operações de rede. A abordagem centralizada diminui a carga das operações de rede no nó membro, pelo que o atraso global da rede é reduzido.

Este esquema permite uma gestão fácil do cluster e uma eficiência energética. Mas como o nó central é a única entidade que gere todo o cluster, este nó central fica rapidamente sem energia. Não tem um bom desempenho em redes de grande dimensão.

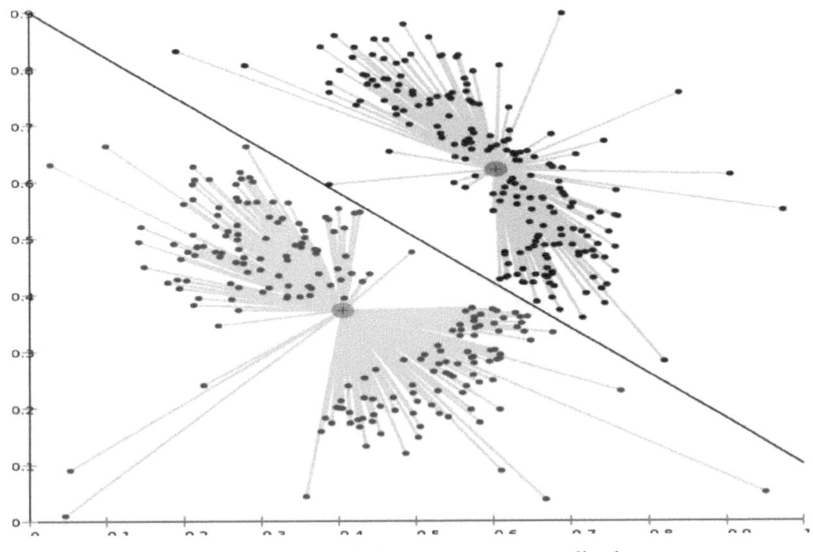

Figura 2.2: Método de agrupamento centralizado

2.2.2Agrupamento distribuído:

Este modelo de agrupamento, mais relacionado com a estatística, baseia-se em modelos de distribuição. Os clusters podem ser definidos como objectos que pertencem mais provavelmente ao mesmo tipo de nós. Este esquema tem um esquema de carga distribuída, como o próprio nome indica. Este esquema distribui as operações de rede em cada nó de um cluster, o que ajuda a melhorar a rapidez das operações de rede. No entanto, este esquema sofre de um problema de adaptação em que o tamanho do cluster varia consoante a distribuição da carga. Devido a este atraso, a variação da dimensão dos clusters torna a manutenção da rede uma tarefa difícil de gerir.

A principal vantagem deste método é o facto de facilitar as operações complexas da rede e aumentar o seu tempo de vida, uma vez que a taxa de mortalidade por ronda diminui.

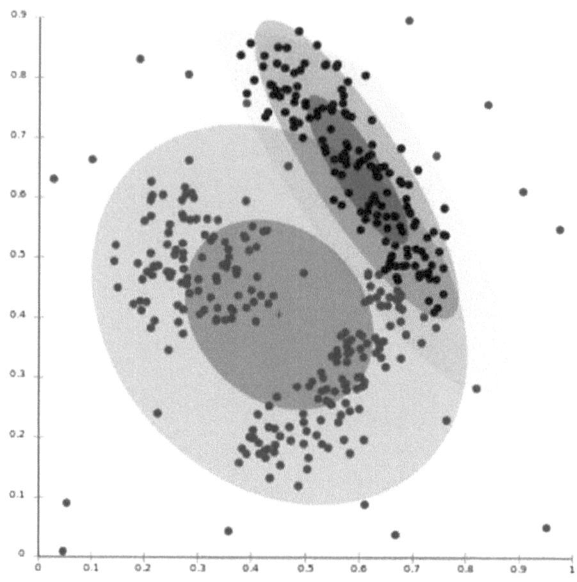

Figura 2.3: Método de agrupamento distribuído

2.2.3 Agrupamento híbrido:

Neste tipo de método de agrupamento, são utilizados esquemas centralizados e distribuídos. O agrupamento híbrido utiliza um esquema distribuído para operações de rede complexas e um esquema centralizado para operações de gestão de rede.

Neste esquema, a rede divide-se em duas partes: uma é o nó membro e a outra é o cluster-head. O cluster-head é o nó com mais atributos entre todos os nós sensores e é responsável pelo processo de gestão do cluster, enquanto os nós membros efectuam as suas operações de rede habituais como no esquema de agrupamento distribuído.

O esquema Hybri d proporciona eficiência energética e estabilidade à rede de sensores sem fios, mas com uma taxa de mortalidade moderada dos nós CH.

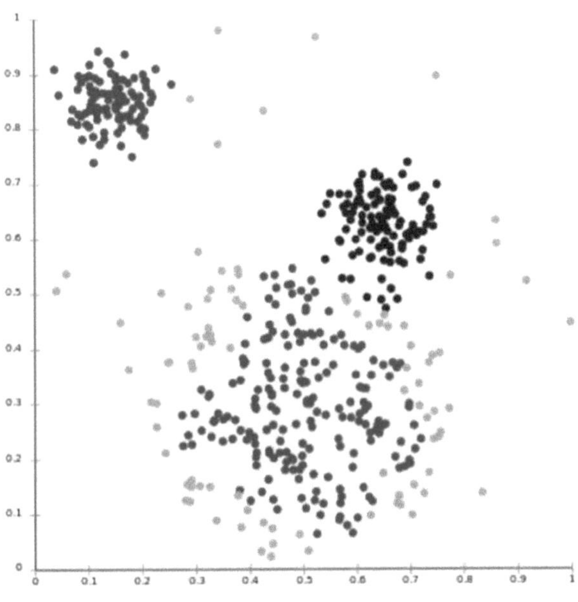

Figura 2.4: Método de agrupamento híbrido

Para facilitar, os algoritmos de agrupamento são divididos em duas partes nesta tese, tais como

2.3 Algoritmos de agrupamento baseados em abordagem probabilística para seleção de CH:

Neste tipo de algoritmo de agrupamento, é atribuída uma probabilidade predefinida a cada nó sensor. O algoritmo descobre os cluster-heads iniciais ou outro procedimento de seleção aleatório [1].

São muitos os atributos considerados no processo de seleção do CH. Na abordagem probabilística, a probabilidade atribuída é o principal atributo a ser considerado no processo de seleção, enquanto outros atributos, tais como: energia residual, energia inicial, energia média da rede, etc., são considerados atributos de seleção secundários.

As principais vantagens destes algoritmos são a rapidez de execução ou o tempo de convergência, a redução do volume de dados trocados devido a uma menor sobrecarga.

Protocolos de agrupamento probabilísticos:

2.3.1LEACH:

W. B. Heinzelman et al. [8] propuseram um protocolo de comunicação auto-organizável e adaptável para RSSF. O LEACH é eficiente em termos energéticos, ao contrário do anterior esquema MTE (Minimum Transmission Energy).

Neste algoritmo, os nós sensores são organizados em clusters e selecionam aleatoriamente um nó adequado como CH de um cluster específico para uma ronda TDMA. A seleção do CH baseia-se na probabilidade atribuída ao nó sensor, ou seja, o nó com atributos elevados na rede tem uma probabilidade elevada de ser CH. O processo de seleção do CH repete-se após uma ronda TDMA. O CH roda entre os nós do agrupamento e esta rotação equilibra a dissipação de energia dos nós na rede.

O LEACH é distribuído por natureza, mas o número de cabeças de agrupamento não é fixo em cada ronda por época, ou seja, como se trata de um algoritmo distribuído, cada nó é capaz de se selecionar a si próprio como cabeça de agrupamento escolhendo um número aleatório. É possível que cada nó escolha o mesmo número para a seleção do CH devido à natureza aleatória do gerador de números pseudo-aleatórios. Assim, no LEACH, o número de cabeças de agrupamento varia em cada ronda TDMA.

2.3.2LEACH-C:

LEACH-C proposto por W. B. Heinzelman et al. [9] Como LEACH com uma abordagem centralizada em que toda a informação relacionada com o nó, como a localização e o nível de energia do nó, é comunicada à estação de base . Aqui, a estação de base seleciona o CH aleatoriamente e, devido ao envolvimento direto de uma entidade centralizada, o número de cluster-head é limitado. A estação de base decide qual o nó com energia suficiente e probabilidade atribuída para ser um CH.

A desvantagem deste algoritmo é que, devido a uma abordagem centralizada, não é adequado para redes de grande dimensão. No caso de uma rede de grandes dimensões, a latência e o atraso por nó aumentam à medida que a base de dados aumenta na estação de base. Isto resulta em perturbações no processo de seleção do CH por ronda programada TDMA, o que não é viável para o bom funcionamento da rede.

2.3.3SEP:

Um protocolo de eleição estável (SEP) de Georgios S. et al. [10] para RSSF heterogéneas propôs o prolongamento do intervalo de tempo antes da morte do primeiro nó, conhecido como período de estabilidade.

T este protocolo específico baseia-se numa função de probabilidade ponderada de cada nó ser CH. Esta probabilidade ponderada depende da energia restante de cada nó.

Neste algoritmo, todos os nós se dividem em duas partes, nós normais e nós avançados. Os nós avançados são atribuídos com atributos mais elevados, mas em número reduzido, enquanto os nós normais são atribuídos com menos energia do que os nós avançados, mas o seu número na rede é superior.

Este algoritmo é vantajoso porque não requer o conhecimento global da energia residual do nó na rede para o processo de seleção do CH em cada ronda.

Este algoritmo tem inconvenientes semelhantes aos do LEACH, uma vez que o número de clusters é variável e o período de instabilidade é mais elevado em redes de grandes dimensões.

2.3.4Agrupamento distribuído híbrido eficiente em termos de energia (HEED):

HEED por O. Younis et al. [11] Um algoritmo de agrupamento distribuído proposto com atributos de eleição híbridos. Este processo de eleição híbrida consiste na energia residual do nó como atributo primário e num custo intra-cluster pré-definido como atributo secundário a considerar. O HEED seleciona um nó como CH que tenha a energia residual mais elevada e uma distância de comunicação mínima. O custo intra-cluster é uma função de propriedade do cluster em que o tamanho do cluster e a potência de transmissão permitida para a comunicação intra-cluster são variáveis.

Se o nível de potência para a comunicação intra-cluster for fixo para cada nó da rede, o custo intra-cluster será proporcional a:

1. grau do nó, quando é necessário distribuir a carga entre CH

OU

2. 1/nó grau, para agrupamento denso re quirement

O nível médio de potência mínima (AMP) exigido por todos os nós M dentro do raio de ação do agrupamento para alcançar o CH

$$\mathrm{AMP} = \sum_{i=1}^{M} \min(Pi)/M \qquad \text{..........} \{1\}$$

Aqui, min (Pi) = nível mínimo de potência para o nó i; 1< i <M M= número de nós dentro do raio de ação do agrupamento

As operações do algoritmo HEED são efectuadas em três fases:

1. Fase de inicialização:

No algoritmo de agrupamento HEED, a ronda TDMA é programada num período de tempo (Tcp + Tno) de segundos para eleger um novo chefe de agrupamento. Aqui Tcp = tempo necessário para criar um agrupamento e Tno = intervalo de tempo entre dois Tcp adjacentes.

Em cada iteração, imediatamente antes da execução do processo de eleição, cada nó define a sua probabilidade para CH como

$$CH_{prob} = C_{prob} * \frac{E_{residual}}{E_{max}} \qquad \text{.......} \{2\}$$

Onde C_{prob} = percentagem inicial de cabeças de agrupamento entre todos os nós N

$E_{residual}$= energia residual atual estimada no nó

E_{max} = energia máxima

2. Fase de repetição:

Nesta fase, o nó sensor não agrupado encontra o CH no agrupamento através de utilizando uma transmissão constante de 1 hop de um pacote de controlo.

Se o nó sensor obtiver resposta de algum CH, então o nó sensor adiciona-o como CH na sua própria tabela e reencaminha todos os dados detectados para esse CH. Caso contrário, o nó sensor anuncia-se como CH nesse cluster e transmite uma mensagem de atualização aos seus vizinhos para que estes possam atualizar a sua tabela de encaminhamento com o novo CH.

Finalmente, cada sensor duplica o seu valor CH_{prob} e passa à iteração seguinte desta fase. A execução desta fase pára quando o nó CH_{prob} atinge 1.

3. Fase de finalização:

Nesta fase, cada sensor decide o seu estatuto. Um nó pode ser um CH com base no nó CH_{prob} ou juntar-se a um cluster de acordo com a mensagem CH ouvida num cluster.

As desvantagens do HEED são o facto de ter um tempo de processamento complexo por nó e uma complexidade de troca de mensagens má por nó na rede. A diferença entre a probabilidade dos nós de dois clusters é muito pequena. Mas o HEED é independente do diâmetro da rede e tem um menor número de iterações.

2.3.5Agrupamento hierárquico distribuído com eficiência energética para RSSF (DWEHC):

P Ding et al. [11], No DWEHC propuseram um protocolo de agrupamento hierárquico eficiente em termos energéticos baseado no peso distribuído, no qual a eficiência energética é alcançada através de um tamanho de agrupamento equilibrado e de uma topologia intra-agrupamento optimizada.

No DWEHC, o número de níveis hierárquicos depende do alcance do agrupamento e da energia mínima de transmissão para o CH. Aqui, cada nó executa o algoritmo individualmente, pelo que o peso de cada nó é calculado pelo próprio nó, mas é afetado pelos nós vizinhos. Este atributo de peso é uma função da energia residual do nó sensor e da proximidade dos vizinhos. O nó com maior peso na sua vizinhança é eleito CH e os restantes nós tornam-se nós membros do CH e formam um cluster.

A este nível, os nós têm uma ligação direta de 1 salto com o CH, o que se designa por membros de primeiro nível. Para os membros do segundo nível, o CH estará a uma distância de 2 saltos e assim por diante.

Os nós ajustam progressivamente essa adesão para chegar a um CH utilizando a menor quantidade de energia. Com facilidade, um nó verifica os seus vizinhos não-CH para descobrir o seu custo mínimo para o CH e, se descobrir um deles, este nó não-CH torna-se membro de 2 saltos ou nó membro de segundo nível do CH.

A única desvantagem conhecida do DWEHC é o facto de não ter um bom desempenho em termos de estabilidade devido ao elevado consumo de energia do nó durante a inundação para encontrar os seus nós vizinhos.

2.3.6Algoritmo de agrupamento distribuído com eficiência energética para RSSF heterogéneas (DEEC):

DEEC por Li Qing et al. [13] Um algoritmo de agrupamento distribuído multinível para RSSF heterogéneas. Aqui no DEEC, o CH é eleito por uma probabilidade baseada no rácio entre a energia residual de cada nó e a energia média de toda a rede.

O tempo de vida do CH no DEEC depende da energia inicial e da energia residual do nó CH. Assim, o nó com atributos de alta energia tem alta probabilidade de ser CH. O processo de implementação do DEEC baseia-se no conceito do algoritmo LEACH. Como é distribuído na natureza, o CH roda entre todos os nós da rede para uma dissipação uniforme da energia.

Neste caso, são considerados nós heterogéneos de dois níveis; estes nós são conhecidos como nó avançado e nó normal. Este esquema ajuda a uma transferência de dados eficaz e a uma maior duração da rede, em contraste com os algoritmos clássicos.

No DEEC, os nós não necessitam de conhecer a energia total e o tempo de vida da rede. Para evitar o conhecimento global das redes, o DEEC estima o valor ideal do tempo de vida da rede, que é utilizado para calcular a energia de referência, estimada pela energia expandida por um nó numa ronda.

A desvantagem do DEEC é o facto de o número de clusters er neste algoritmo ser variável, mas proporcionar um melhor tempo de vida da rede do que os algoritmos propostos anteriormente.

2.3.7Protocolo de agrupamento distribuído de balanço de energia para RSSF heterogéneas (DEBC):

No DEBC, Changmin D et al. [14] propuseram um processo de seleção do CH num ambiente de rede de sensores sem fios heterogéneo, em que a probabilidade de seleção do CH depende do rácio entre a energia residual do nó e a energia média da rede.

Neste algoritmo, o nó com atributos de energia elevada, ou seja, energia residual e energia inicial elevadas, tem mais probabilidades de ser eleito como chefe de grupo. Este algoritmo suporta a heterogeneidade multinível e proporciona um melhor desempenho do que o SEP e o LEACH. Este algoritmo não tem um bom desempenho em redes de grande escala devido ao complexo nível de rogeneidade.

2.3.8Um protocolo de roteamento baseado em clusters desiguais em RSSF (UCR):

A UCR proposta por Guihai chen et al. [15] foi concebida para redes de sensores sem fios orientadas para a fonte. É auto-organizado por natureza, pelo que atenua o problema dos pontos quentes nas RSSF.

Neste algoritmo, a seleção do chefe de agrupamento baseia-se na informação local dos nós ou nos atributos locais dos nós, como a energia residual do nó e a distância à estação de base, ou seja, a dimensão do agrupamento de um determinado chefe de agrupamento diminui à medida que diminui a distância do chefe de agrupamento à estação de base. Este esquema permite uma menor dissipação de energia durante o processamento de dados intra-agrupamento e o CH pode presumir mais energia para o tráfego de retransmissão inter-agrupamento, o que resulta numa melhor transferência de dados e na gestão do cluster.

Este algoritmo apresenta um inconveniente no processo de seleção do chefe de agrupamento, uma vez que o CH é selecionado em duas etapas ou fases, o que aumenta o atraso na formação do agrupamento. E como o número de clusters é variável devido ao agrupamento adaptativo em cada ronda, o número de clusters não é fixo; varia com a ronda TDMA.

2.3.9Descoberta de serviços baseada em clusters para redes de sensores sem fios heterogéneas (C4SD):

O C4SD de R.S. Marin et al. [16] foi desenvolvido para redes de sensores sem fios heterogéneas e baseia-se numa estrutura hierárquica de agrupamento distribuído. Neste protocolo, cada nó fornece uma identidade de hardware e um peso únicos.

Um nó com atributos mais elevados em termos de peso é selecionado como cluster-head na ronda TDMA. Este CH actua como diretório distribuído de registos de serviços para todos os nós membros do seu cluster, ou seja, o CH m mantém a informação de serviço relativa a todos os seus nós membros.

A arquitetura simples do agrupamento permite uma baixa sobrecarga de construção e manutenção, o que possibilita uma adaptação rápida às alterações topológicas da rede de sensores sem fios. Este esquema garante a prevenção de problemas de reação em cadeia devido à reação rápida a alterações topológicas dos nós vizinhos de 1 salto. A procura de um serviço resulta na visita apenas a nós de diretório, o que resulta num baixo custo de descoberta de nós.

2.3.10 LEACH melhorado para RSSF de aplicação específica:

O LEACH melhorado, proposto por Chong Wang et al. [17], visa reduzir os custos de energia causados por nós redundantes e equilibrar o consumo de energia através da utilização de uma arquitetura de pequenos clusters para os nós sensores em vez de clusters maiores. Estes pequenos clusters são constituídos pela divisão de um grande cluster em pequenos clusters ou subclusters. Estes subagrupamentos têm o seu próprio chefe de agrupamento, designado por subchefe de agrupamento.

Esta técnica torna as transferências de quadros de dados mais pequenas em comparação com um cluster grande, pelo que o número de quadros que chegam à estação de base aumenta ao mesmo tempo.

Outra melhoria consiste em manter o nó redundante em modo de suspensão durante a maior parte do tempo, ou seja, apenas um nó de um grupo necessita de dados e está acordado, enquanto os outros estão a dormir até o primeiro nó dissipar toda a energia disponível. Isto aumenta o tempo de vida da rede, uma vez que apenas um nó de um grupo está disponível para a transferência de dados e os outros estão em modo de suspensão, o que aumenta a duração da disponibilidade do grupo.

Este algoritmo mostra a sua desvantagem em termos de cluster de tamanho variável devido à contagem de cluster variável.

2.3.11 Esquema de agrupamento heterogéneo eficiente em termos energéticos para RSSF (EEHC):

O EEHC foi proposto por D. Kumar et al. [18] como um algoritmo de agrupamento distribuído para um ambiente heterogéneo de redes de sensores sem fios. A seleção de clusters no EEHC baseia-se em diferentes probabilidades ponderadas.

Os nós membros de um agrupamento transmitem os seus dados detectados ao chefe do agrupamento. O chefe do agrupamento filtra estes dados e agrega-os em dados úteis e envia-os para a estação de base. A agregação de dados é um esquema útil a utilizar no caso das RSSF, o que ajuda a melhorar o tempo de vida da rede, mas também aumenta a complexidade da transmissão de dados entre o CH e a estação de base.

Aqui no EEHC são propostos três tipos de nós: super nó, nó avançado e nó normal. Para a seleção do CH, a cada tipo de nó é atribuído um valor limite predefinido de acordo com a sua probabilidade ponderada.

Este algoritmo conduz a uma dimensão indefinida do agrupamento, o que se deve à contagem variável dos agrupamentos.

2.3.12 Agrupamento estocástico distribuído com eficiência energética para redes de sensores sem fios heterogéneas (SDEEC):

B. Elbhiri et al. [19] Propõem que o SDEEC seja implementado de forma semelhante ao protocolo DEEC, mas com uma estratégia estocástica adicional. O objetivo desta utilização é reduzir significativamente a transmissão intracluster na rede através de um esquema estocástico.

Este algoritmo é um algoritmo específico da aplicação e é utilizado quando só são necessários dados máximos ou mínimos, como a temperatura e a humidade, no registo de dados. Assim, o CH seleciona a informação pertinente dos dados recebidos e envia-a para a estação de base. Neste caso, o chefe do agrupamento recebe apenas dos nós que possuem dados úteis; os outros nós devem estar em modo de suspensão.

Isto aumenta significativamente o tempo de vida da rede, mas carece em termos de robustez.

2.3.13 Agrupamento estocástico e equilibrado de eficiência energética distribuída (SBDEEC):

No SBDEEC, Brahim et al. [20] propõem uma abordagem equilibrada de seleção de cabeças de agrupamento com base na energia residual. Com esta abordagem, os nós avançados da rede são largamente solicitados a serem selecionados como cabeças de agrupamento para a primeira ronda de transmissão. Quando estes nós dissipam uma quantidade suficiente de energia, passam a ter uma probabilidade de seleção de CH semelhante à dos nós normais.

A ideia principal deste algoritmo é reduzir a transmissão intra-cluster quando o objetivo é recolher dados específicos da aplicação, tais como dados mínimos ou máximos de temperatura, humidade, etc.

2.3.14 Esquema de eleição distribuída do chefe de agrupamento (DCHE):

O DCHE proposto por Dilip Kumar et al. [21] é um esquema de agrupamento distribuído para redes de sensores sem fios heterogéneas. A seleção do chefe de agrupamento baseia-se em diferentes probabilidades ponderadas. Aqui, os nós membros do agrupamento enviam os seus dados detectados para o chefe do agrupamento e este recolhe estes dados detectados de todos os nós sensores do agrupamento e utiliza a técnica de agregação de dados. Esta técnica reduz o tamanho dos dados e, por fim, o chefe do agrupamento transmite estes dados agregados úteis à estação de base.

Existem três tipos de nós neste algoritmo, com três tipos diferentes de limiares para cada tipo. O CH seleciona com base no peso atribuído a cada tipo de nó.

Este algoritmo é mais vantajoso em termos de tempo de vida e estabilidade da rede do que o LEACH, o DEEC e a transmissão direta, mas carece em termos de escalabilidade e complexidade.

2.3.15 Esquema de eficiência energética para agrupamento com limiar (TDEEC):

Parul Saini et al. [22] P roposto para uma plataforma de agrupamento distribuído com eficiência energética, modificou o valor do limiar em relação ao DCHE.

Neste algoritmo, o nó é eleito CH com base na energia residual e na energia média dessa ronda, tendo em conta o número ótimo de cabeças de agrupamento. São propostos dois e três níveis de heterogeneidade neste algoritmo específico e é proposta uma solução geral para a heterogeneidade multinível.

Este algoritmo exigia o conhecimento global de cada nó da rede para obter a energia média da rede, o que aumenta a sobrecarga e o consumo de energia através da inundação.

2.1.16 Algoritmo de agrupamento eficiente em termos energéticos para RSSF auto-organizadas (EECS):

O EECS, desenvolvido por Kyung Tae Kim et al. [23], foi desenvolvido para RSSF distribuídas com eficiência energética e balanceamento de carga, geralmente utilizado em aplicações de recolha periódica de dados. Este algoritmo tem um processo de seleção de CH que depende dos atributos de comunicação do nó elegível. Estes atributos consistem na energia residual do nó e na boa distribuição dos chefes de agrupamento na rede.

O algoritmo EECS baseia-se nas caraterísticas do algoritmo de agrupamento mais popular, o LEACH. Este algoritmo utiliza uma comunicação de salto único entre o CH e a estação de base. Aquando da formação do agrupamento, a BS emite uma mensagem "hello" a todos os nós a um determinado nível de potência. Depois de receberem a mensagem "hello", os nós podem calcular a distância aproximada à estação de base com base na intensidade do sinal recebido (RSS).

Na fase de eleição do chefe de agrupamento, um nó torna-se um nó CANDIDATO com uma probabilidade *T.* Depois de se tornar candidato, transmite uma MSG COMPETE HEAD a todos os nós presentes dentro do alcance de rádio *R*. Cada nó candidato verifica sempre os nós alternativos que têm mais energia residual do que ele próprio. Quando encontra um nó com mais energia do que ele, abandona a competição sem receber qualquer MSG COMPETE HEAD subsequente. Caso contrário, o nó será eleito como chefe de agrupamento. Na fase de formação do cluster, cada nó HEAD difunde a HEAD ADV MSG por toda a rede. Todos os nós normais recebem a HEAD ADV MSG e decidem se se juntam ou não a essa cabeça com base no parâmetro de distância. Cada nó seleciona o CH, que requer um mínimo de comunicação de acordo com a intensidade do sinal recebido.

A complexidade da sobrecarga em toda a rede é $O(n)$, em que n é o número de nós. Há, no máximo, um chefe de agrupamento em cada *R* de alcance de rádio. Por conseguinte, os chefes de agrupamento são distribuídos de forma equitativa.

O EECS produz uma distribuição uniforme de cluster heads na rede através de comunicação localizada com um ligeiro overhead. Neste algoritmo, o tempo de vida da rede aumenta em ~35% em comparação com o LEACH. Este algoritmo utiliza a comunicação por rádio local para a seleção de CH com base na energia residual.

2.3.17 Algoritmo de agrupamento baseado em nós móveis para otimização do tempo de vida (MNCP):

Babar Nazir et al. [24] Propôs um sistema de nós móveis para melhorar o problema dos pontos quentes. Este nó móvel pode mover-se para cima quando um cluster tem problemas de seleção de cabeças de cluster devido à baixa energia residual. Este esquema funciona da seguinte forma: quando um cluster sofre de falta de nós capazes de ser um CH, então um nó do cluster no qual o nó móvel está próximo envia uma mensagem. Logo a seguir, este nó móvel torna-se vivo ou desperto e é eleito como CH devido aos seus elevados atributos.

Este esquema equilibra o consumo de energia em toda a rede, o que resulta num aumento do tempo de vida da rede.

2.3.18 Desenvolvimento de um agrupamento distribuído eficiente em termos de energia (DDEEC):

O DDEEC proposto por Elbhri et al [25] introduz um esquema de agrupamento distribuído eficiente em termos de energia para redes de sensores sem fios heterogéneas. Aqui, para a seleção do CH, cada nó utiliza o nível de energia inicial e residual.

Este algoritmo também estima o valor ideal do tempo de vida da rede, que é utilizado para calcular a energia de referência.

Aqui, como implementação da hierarquia de agrupamento, os nós sensores enviam os seus dados detectados para o CH e o CH envia os dados agregados para a estação de base diretamente ou por vários caminhos.

Neste algoritmo, a topologia da rede é fixa e não varia com o tempo.

2.3.19 LEACH melhorado e equilibrado (IB-LEACH):

O IB-LEACH de Ben Alla Said et al [26] propôs um algoritmo de agrupamento de ambientes heterogéneos adaptativo e auto-organizado melhorado e equilibrado baseado no LEACH.

Neste algoritmo, a distribuição da carga de energia é feita de forma aleatória entre todos os nós sensores da rede. Neste caso, alguns nós com atributos energéticos elevados, designados por nós NCG (normal/chefe de cluster/nó de gateway), tornam-se chefes de cluster para agregar os dados recebidos dos seus membros do cluster e transmiti-los para os gateways escolhidos, o que requer o mínimo de energia de comunicação para reduzir o consumo de energia no CH e diminuir a probabilidade de nós mortos.

2.3.20 Análise do consumo de energia e do tempo de vida em RSSF de múltiplos saltos agrupadas (ECLCM):

No ECLCM proposto por J. Choi et al. [27], o algoritmo desenvolve um modelo de energia para estimar a energia consumida em RSSF multihop com um processo probabilístico de seleção de cabeças de agrupamento. Cada nó sensor seleciona-se a si próprio como cabeça de agrupamento com uma probabilidade predefinida sem qualquer troca de informação com outros nós. Cada cabeça de agrupamento anuncia-se como cabeça de agrupamento a outros nós membros dentro do seu alcance de transmissão. Cada nó que recebe estes anúncios durante um determinado período a partir da chegada do primeiro anúncio recebido, escolhe então um chefe de grupo com uma distância mínima, ou seja, com um menor número de saltos, e anuncia o seu chefe de grupo a outros nós dentro do seu alcance de transmissão.

Se os cluster heads com o menor número de hops de um nó sensor forem mais de dois, então o nó seleciona aleatoriamente um deles. Este processo repete-se até que cada nó selecione o seu chefe de agrupamento ou se torne um chefe de agrupamento. Todos os nós comunicam de acordo com as programações TDMA organizadas pelos chefes de agrupamento ou pelo nó de drenagem. Assim, a colisão de dados pode ser p evitada. O protocolo proposto conduz a clusters de tamanho desigual devido à contagem variável de clusters. Os saltos múltiplos conduzem a buracos na rede perto da estação de base.

2.3.21 Protocolo de eleição ponderada para RSSF heterogéneas (WEP):

Md. G. Rashed et al. propuseram o WEP [28] como um protocolo eficiente em termos energéticos com um período de estabilidade melhorado da rede de sensores. Este algoritmo introduz um algoritmo de encaminhamento em cadeia para melhorar as restrições em termos de energia e de período de estabilidade. É atribuído um peso como probabilidade óptima para cada nó. Este peso deve ser igual ao rácio entre a energia inicial de cada nó e a energia inicial do nó normal. Depois de atribuir a probabilidade ponderada, os chefes de agrupamento e o número de agrupamento são selecionados da mesma forma que no protocolo LEACH.

Utilizando o algoritmo, foi construída uma arquitetura em cadeia entre os cluster heads selecionados. Em seguida, entre os cluster heads selecionados, é escolhido aleatoriamente um líder da cadeia. Todos os nós que não são chefes de agrupamento enviam os seus dados para os respectivos nós chefes de agrupamento. Os nós chefes de agrupamento em cada agrupamento fundem então os dados, agregam-nos e enviam-nos para a estação de base.

2.3.22 Agregação de dados baseada em clusters energeticamente eficientes para RSSF (ECBDA)

O ECBDA de Siva R. et al. [29] propõe um método de agregação de dados para aumentar o tempo de vida das redes de sensores heterogéneos. No ECBDA, a fase de formação de clusters é utilizada para dividir a rede num conjunto de clusters. São formados K-clusters em cada camada e, em seguida, cada camada é dividida num conjunto de clusters. No processo de eleição do chefe de agrupamento, um nó é selecionado como chefe de agrupamento de cada agrupamento, utilizando a sua energia residual e o atributo de custo de comunicação.

Quando um nó é eleito como chefe de agrupamento, transmite a mensagem de chefe de agrupamento aos membros do agrupamento, a outros chefes de agrupamento e à estação de base.

O reencaminhamento dos dados é efectuado na terceira fase. Na fase de agregação de dados, todos os membros do agrupamento enviam os seus dados detectados durante o intervalo de tempo que lhes é atribuído. O chefe de grupo aguarda até que o seu quadro TDMA termine. Depois de receber os dados do seu membro do agrupamento, o chefe do agrupamento inicia o processo de agregação. Cada cabeça de agrupamento elimina os duplicados e reencaminha o pacote para a BS através dos nós de reencaminhamento. A fase de manutenção verifica a energia residual do chefe de agrupamento em cada ronda. Se a energia residual for inferior ao valor limite exigido, é eleito um novo chefe de agrupamento do mesmo agrupamento. O reagrupamento também é efectuado na fase de manutenção.

O protocolo proposto conduz a um agrupamento de pequenas dimensões que leva a uma maior quantidade de transferência de dados da cabeça do agrupamento para a estação de base e consome energia.

2.3.23 Uma técnica de agrupamento de controlo de densidade e balanço de energia para RSSF implantadas aleatoriamente (DCEBC):

DCEBC por Sanjeev Kumar Gupta et al. [30] Apresentam um protocolo para melhorar o tempo de vida da rede de redes de sensores sem fios heterogéneas.

Neste algoritmo, a seleção de cabeças de agrupamento baseia-se no limiar de energia e no nível de energia atual.

Este algoritmo é vantajoso em caso de nó redundante, uma vez que identifica e desactiva o nó redundante na rede. O DCEBC permite melhorar o tempo de vida e o período de estabilidade da rede.

2.3.24 Abordagem de agrupamento híbrido (HCA):

No HCA proposto, P. Neamatollahi et al.[31] propuseram um algoritmo de agrupamento distribuído para redes de sensores sem fios. Quando o nível de energia do CH diminui para um valor predefinido, este informa indiretamente os outros nós, de modo a que o agrupamento seja efectuado no início da ronda seguinte. O tempo de vida da rede, que é definido como *L*, é o tempo decorrido até à morte do primeiro nó da rede. Na abordagem HCA, o agrupamento não é efectuado em cada ronda, o que acontece nas abordagens de agrupamento dinâmico. Cada CH guarda a sua energia residual na sua memória após a formação dos clusters. Quando a energia residual de um CH se torna inferior a um valor predefinido, este define um bit específico num pacote de dados que está pronto a ser enviado para a BS no quadro TDMA atual, de modo a que a BS informe todos os nós sobre o início do processo de seleção de agrupamento no início da ronda seguinte. A BS envia um impulso de sincronização específico de forma multihop a todos os nós. Depois de receber o impulso, cada nó prepara-se para efetuar o agrupamento. Assim, a eleição do chefe do agrupamento e, consequentemente, a formação do agrupamento são efectuadas a pedido. Os autores argumentam que a sua abordagem pode ser útil para aplicações que requerem escalabilidade e tempo de vida prolongado da rede. Após a primeira fase de configuração, o agrupamento não será efectuado até que pelo menos um dos CH atinja uma parte predefinida da sua energia. O processo de agrupamento no início de cada ronda impõe muitas despesas gerais à rede. Em comparação com o LEACH e o HEED, o HCA é 30% mais eficiente em termos de tempo de vida.

2.3.25 Protocolo de agrupamento de eleições distribuídas (DECP):

DECP por X. Wang et. al. [32] baseado na energia residual e no custo de comunicação para o processo de seleção do CH. Este protocolo foi desenvolvido como um protocolo de agrupamento de eleição distribuída que aumenta o tempo de vida da rede. Este protocolo de agrupamento distribuído funciona em redes de sensores sem fios heterogéneas de dois níveis. No DECP, a eleição do chefe de agrupamento é uma função da energia residual e do custo de comunicação, pelo que, se a energia não for equilibrada para todos os nós, o nó com a energia mais elevada é considerado como CH, mas se a rede for equilibrada em termos de energia, o custo de comunicação é considerado para a eleição do CH. O DECP proporciona um maior equilíbrio de carga em comparação com protocolos clássicos como o LEACH e o SEP. No processo de formação do cluster, todos os nós transmitem a sua informação de energia atual e ouvem a mensagem de energia dos outros. Cada nó calcula o custo com base na distância até aos vizinhos e na energia atual, quando tem conhecimento suficiente sobre os vizinhos. Em seguida, os nós selecionam o nó candidato escolhendo o nó sensor de custo mínimo e enviam uma mensagem de voto para o nó candidato.

Ao receber a mensagem de voto dos vizinhos, o nó declara-se como chefe de agrupamento e todos os nós que não são CH juntam-se ao CH para formar um agrupamento como nós membros.

Este protocolo não necessita de qualquer conhecimento global da energia no processo de agrupamento. Desde que os nós troquem informações locais, os nós chefes de agrupamento podem ser selecionados. O DECP é escalável, uma vez que não requer a posição exacta de cada nó no terreno.

2.3.26 Agrupamento desigual eficiente em termos energéticos (EEUC):

Li et al. propuseram o EEUC [33], um protocolo de agrupamento eficiente em termos energéticos para aplicações de recolha periódica de dados em RSSF. Neste protocolo, os autores tentaram eliminar o problema do hotspot que surge no encaminhamento multihop. O problema do hotspot surge quando os cluster heads mais próximos do sumidouro de dados morrem devido à sobrecarga causada pelo tráfego intenso de retransmissores. Os cluster heads mais próximos da estação de base estão muito carregados com o tráfego da rede e perdem energia rapidamente em comparação com os CHs mais afastados da BS. Para resolver este tipo de problema, os autores propuseram um algoritmo inteligente, de modo a que os clusters mais próximos da estação de base tenham tamanhos de cluster mais pequenos, consumindo assim menos energia durante a comunicação intra-cluster e podendo preservar mais alguma energia para o tráfego de retransmissão inter-cluster. Após a implantação da rede, a estação de base transmite uma mensagem "hello" a todos os nós presentes na rede com determinados níveis de potência. Em seguida, todos os nós calculam a distância aproximada da BS, o que ajuda o algoritmo a criar clusters de tamanho desigual. A Figura 2.5 ilustra a visão geral do algoritmo, em que círculos de diferentes tamanhos indicam clusters de tamanhos desiguais em relação à distância dos nós à BS.

A responsabilidade de ser um chefe de agrupamento é rotativa entre os sensores em cada ronda de recolha de dados para distribuir o consumo de energia pela rede. A Figura 2.5 mostra que o tamanho do cluster diminui quando a distância entre o CH e a BS diminui. Este algoritmo baseia-se em cabeças de cluster distribuídas, em que a seleção da cabeça de cluster se baseia principalmente na energia residual de cada nó. O rendimento mostra que o agrupamento desigual melhora o tempo de vida da rede e equilibra o consumo de energia na rede em relação ao LEACH e ao HEED.

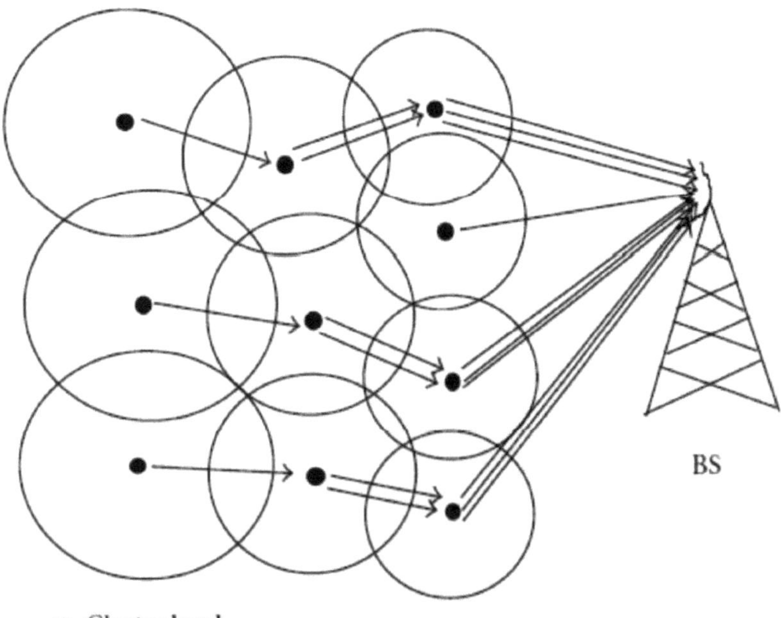

Figura 2.5: Agrupamento no algoritmo EEUC

2.4 Algoritmos de agrupamento baseados numa abordagem não probabilística para a seleção de CH:

Neste tipo de algoritmo de agrupamento, existem muitos atributos, em vez de se considerar apenas a probabilidade, para a seleção do CH e a formação do agrupamento. Estes atributos específicos dependem geralmente da posição do nó sensor em relação à estação de base, da localização GPS do nó sensor, do grau do nó (atributos do nó), etc. Os atributos de seleção também são adicionados aos nós sensores vizinhos a uma distância de 1 hop do nó sensor.

Este tipo específico de algoritmo exige a troca de mais dados nas superfícies de controlo, o que os leva a atrasos aleatórios e a uma programação TDMA inadequada. Para além destes inconvenientes, estes algoritmos proporcionam uma maior robustez e um agrupamento equilibrado, uma vez que não dependem de um único atributo. Para a proximidade dos nós, alguns dos algoritmos utilizam o cálculo combinado de atributos como a energia residual, a potência de transmissão e a mobilidade para obter um desempenho com menos atrasos do que um algoritmo de atributo único.

Protocolo de agrupamento não probabilístico:

2.4.1HSR:

Na HSR, Xiaojiang Du et al. [34] propuseram uma rede de sensores heterogénea, em que todos os nós têm conhecimento da localização, ou seja, a informação da rede é necessária para a informação da rede. Aqui, alguns nós altos com atributos elevados e um grande número de nós baixos são distribuídos uniformemente de forma aleatória.

A seleção do CH é baseada na intensidade do sinal da estação de base. O chefe de agrupamento envia os dados para o sumidouro através de uma transmissão multi-salto sobre os chefes de agrupamento.

Este algoritmo funciona para redes estáticas, o que não é adequado para nós móveis.

2.4.2Agrupamento baseado no tráfego em RSSF (TBC):

A abordagem TBC proposta por Vijay Kr. Chaurasiya et al. [35] visa criar um sistema que se adapte às alterações topológicas em função do tráfego p attern e da densidade dos nós instalados. Numa rede com vários nós, o cluster-head mais próximo da estação de base tem de lidar com uma carga de dados mais elevada do que o cluster-head mais distante. Isto resulta num rápido consumo de energia do CH mais próximo.

Para evitar este problema, neste algoritmo é criada uma topologia de diferentes regiões com base na densidade dos nós.

Este algoritmo evita o problema de estrangulamento e proporciona um equilíbrio de carga adequado.

2.4.3Mecanismo de agrupamento desigual baseado em probabilidades para RSSF (PRODUCE): Jung-Hwan et al. [36] organizam a rede com agrupamento desigual por probabilidades localizadas e roteamento multihop baseado em geometria estocástica.

Neste algoritmo, o tamanho do cluster aumenta com o incremento da distância à estação de base. A cada nível heterogéneo é atribuída uma probabilidade diferente para a seleção do CH.

Este algoritmo fornece clusters de tamanhos desiguais devido à contagem variável de clusters.

2.4.4Esquema de agrupamento baseado na energia e na distância (EDBC):

O EDBC proposto por Mehdi Saeidmanesh et al. [37] considera a energia residual e a distância da estação de base de cada nó no processo de seleção de cabeças de cluster.

Como a distância da estação de base é um fator importante de que depende a dissipação de energia dos nós devido à transmissão. Por conseguinte, a rede é dividida em segmentos circulares concêntricos em torno da estação de base. Cada segmento tem um número de clusters diferente, inversamente proporcional à distância da estação de base.

2.4.5Algoritmo de agrupamento distribuído com balanceamento de carga (DCLB):

DCLB por Farruh Ishmanov et al. [43] introduzem uma abordagem de equilíbrio de carga para o processo de seleção de CH. A dimensão do agrupamento é uma variável importante em termos de eficiência energética e de equilíbrio de carga na comunicação multi-salto dos chefes de agrupamento.

2.4.6Um algoritmo de seleção de cabeças de agrupamento baseado na densidade e na distância em redes de sensores (DDCHS)

Kyounghwa Lee et al. [38] propuseram um algoritmo para eleger o chefe de agrupamento com base na densidade e na distância dos nós sensores na rede de sensores. Neste algoritmo, a área do agrupamento é dividida em dois diâmetros perpendiculares para obter quatro quadrantes e, em seguida, em cada quadrante, é selecionado o seguinte chefe de agrupamento com base na densidade dos nós do grupo e na distância ao chefe de agrupamento. O autor comparou os protocolos LEACH e HEE D calculando o consumo de energia para a comunicação de uma vez entre todos os nós e a cabeça do agrupamento em função da posição do agrupamento. Este protocolo apresenta um melhor desempenho do que o LEACH e o HEED. Trata-se de uma abordagem centralizada e necessita da localização de cada nó.

2.4.7Um esquema de agrupamento eficiente em termos energéticos com atribuição de ID auto-organizada para redes de sensores sem fios (EECSIA):

Qingehao Zheng et al. [39] propuseram um esquema de agrupamento distribuído que considera tanto a energia como as caraterísticas topológicas de uma RSSF. O EESCIA permite uma solução eficiente para lidar com redes de grande escala, atribuindo IDs únicos aos nós sensores, reduzindo as despesas de comunicação e prolongando o tempo de vida da rede. O EECSIA é rápido e localmente escalável, e consegue uma boa distribuição dos chefes de agrupamento dentro das redes. Além disso, como os nós têm restrições de energia, a receção frequente de dados de nós comuns e o seu reencaminhamento para a estação de base consome uma grande quantidade de energia dos chefes de agrupamento. O EECSIA evitou este problema e pode efetuar o reagrupamento em tempo constante e de forma local. A comunicação de mensagens é muito grande para a seleção dos chefes de agrupamento, o que consome mais energia.

2.4.8Agrupamento distribuído eficiente em termos de energia e tolerante a falhas para WSN (FEED):

M. Mehrani et al. [40] propuseram um método de agrupamento eficiente do ponto de vista energético, que seleciona cabeças de agrupamento adequadas utilizando a energia, a densidade, a centralidade e a distância entre nós para criar o agrupamento. Os autores selecionaram um nó supervisor para cada chefe de agrupamento, que será o seu substituto quando o chefe de agrupamento falhar. Esta propriedade provoca um aumento do tempo de vida da rede e ajuda-a a ser tolerante a falhas. A seleção do chefe de agrupamento exige a posição global dos nós sensores e a comunicação de mensagens é muito grande, o que é dispendioso e consome muita energia, respetivamente.

2.4.9Um algoritmo de agrupamento baseado na localização para redes de sensores sem fios (LBS):

Ashok Kumar et al. [41] propuseram um protocolo para prolongar o tempo de vida da rede de sensores. Os clusters são formados apenas uma vez durante o tempo de vida da rede de sensores. A rotação dos cluster heads depende da energia residual dos cluster heads. A frequência de rotação dos chefes de agrupamento baseia-se no consumo de energia dos nós sensores para as várias tarefas que realizam durante o tempo de vida da rede de sensores. Isto garante um consumo de energia equilibrado de todos os nós sensores presentes num agrupamento, o que resulta num tempo de vida prolongado da rede. O protocolo proposto é estático por natureza e o procedimento de seleção do chefe de agrupamento não é bom em termos de consumo de energia. O equilíbrio da carga é distribuído de forma desigual, pelo que todos estes factores conduzem a um período de estabilidade fraco.

2.4.10 Agrupamento baseado no grau dos nós para redes de sensores sem fios:

Sanjeev Kumar Gupta et al. [42] propõem o Node Degree Based Clustering (NDBC) para aumentar o tempo de vida de RSSFs heterogéneas. Neste trabalho, os autores utilizam dois tipos de nós sensores, ou seja, nós avançados e nós normais. Os nós avançados têm mais energia do que os nós normais. Os nós avançados são selecionados como cabeças de agrupamento com base na sua energia e no grau do nó na rede. Utilizando o NDBC, os autores reduziram o custo de comunicação entre os nós sensores utilizados para transmitir e receber as mensagens para a seleção do chefe de agrupamento.

CAPÍTULO-3

ALGORITMO PROPOSTO PORMENORIZADO

O algoritmo proposto em redes de sensores sem fios heterogéneas é implementado com o modelo de probabilidade proposto para nós de heterogeneidade diferente. Este modelo de probabilidade depende do valor do limiar de energia. Os passos de implementação deste algoritmo proposto são os mesmos do algoritmo DEEC, mas diferentes na abordagem probabilística que é diferente para o nó avançado e normal, respetivamente. Como é distribuído por natureza, cada nó gasta energia uniformemente, rodando o papel de chefe de agrupamento entre todos os nós. Os cluster-heads são eleitos por uma probabilidade baseada no rácio entre a energia residual de cada nó e a energia média da rede.

O algoritmo proposto prolonga o tempo de vida da rede, especialmente o período de estabilidade, num ambiente de agrupamento heterogéneo de 2 níveis. Estes dois níveis heterogéneos são definidos para nós avançados e nós normais.

Este capítulo inclui os pormenores do modelo de rede proposto e, em seguida, o algoritmo pormenorizado com os passos de programação e o fluxograma do algoritmo proposto.

3.1 Modelo de rede proposto:

No modelo de rede proposto para uma rede de sensores sem fios heterogénea, a arquitetura da rede para o funcionamento do algoritmo e a arquitetura dos nós são definidas com o método de encaminhamento utilizado. Este modelo descreve a infraestrutura da rede para as simulações. Este modelo fornece todos os cenários, atributos e níveis de heterogeneidade dos nós, tal como o algoritmo proposto, necessários para o funcionamento da rede.

3.1.1Estrutura do nó sensor:

O nó sensor é um elemento-chave nas RSSF. Na arquitetura do algoritmo de RSSF proposto, cada nó sensor pode alterar o seu estado muitas vezes ao longo do tempo de vida da rede. A mudança de estado pode ocorrer como resposta ao início/fim de um evento ou devido a uma alteração do nível de energia do nó. Há quatro estados do nó definidos a seguir:

- **Estado ACTIVO:** neste estado, o nó sensor está operacional e gera dados detectados.
- **Estado de retransmissão:** neste estado, o nó sensor está ativo e transmite/ retransmite os dados recebidos de outros sensores.
- **Estado IDEAL:** no estado ideal, o nó sensor está vivo, mas entra em modo de suspensão, ou seja, o nó não gera nem transmite quaisquer dados.
- **Estado DEAD:** neste estado específico, o nó sensor esgota completamente a sua energia disponível e deixa de estar operacional na rede.

A cada nó sensor é atribuído um ID de sensor único. Um nó sensor mantém um registo dos seus atributos que contém a posição do nó (coordenadas X e Y), o estado e a energia residual. Para as operações de rede, esta tabela de estado ou de atributos é acedida por outros nós para obter informações.

Tabela 3.1 A arquitetura da tabela de estado de um nó sensor:

ID do sensor	coordenadas x	coordenadas y	Vivo/morto	Deteção/transmissão	Energia residual

A implantação dos nós sensores é fixada na fase inicial. Os atributos de estado são valores binários inicializados a 0 ou 1, respetivamente, para cada nó sensor na fase de implantação, para representar se está ou não a gerar dados. Se o sensor não for ativado por qualquer evento, mas estiver a retransmitir dados recebidos de outros nós sensores, o atributo de deteção permanecerá 0. O tamanho dos dados e o consumo de energia serão registados separadamente.

Quando ocorrem novos eventos, determinados nós sensores são activados e iniciam a transmissão de dados. Quando a energia residual de um nó atinge 0 ou um valor inferior a um limiar, isso indica que esse nó sensor esgotou a sua energia e o valor do estado morto será definido como 1, o que significa que o nó já não está operacional. Neste caso, o nó não será tido em consideração para eventos de deteção, geração de dados ou reencaminhamento de dados no futuro. O campo "Residual Energy" (Energia residual) regista a quantidade de energia da bateria que resta num nó sensor. O valor deste campo diminui continuamente a partir do seu valor inicial, à medida que o nó participa em várias actividades da rede.

3.1.2Topologia de rede:

A configuração da rede proposta é semelhante ao modelo apresentado na figura 1.2. É constituída por um conjunto de nós sensores homogéneos, distribuídos aleatoriamente na área da rede. Cada nó sensor é fornecido com uma quantidade limitada de energia inicial e existe um nó sumidouro, que não tem restrições de energia. Todos os dados gerados pelos nós sensores acabam por ser enviados para o nó sumidouro.

A área de interesse é uma área quadrada bidimensional, na qual estão localizados todos os nós sensores.

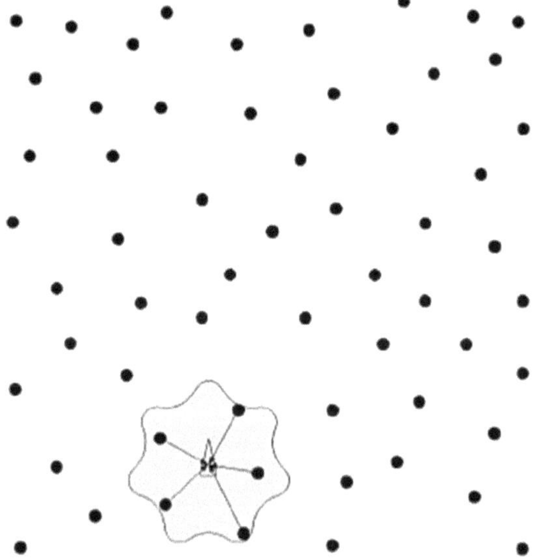

Figura 3.1: Implantação aleatória de nós

3.1.3 Modelo de encaminhamento:

O encaminhamento no algoritmo proposto baseia-se numa estrutura hierárquica. Aqui, os nós sensores de um grupo detectam os dados e encaminham-nos para o CH, que é selecionado como nó pai de um nó do grupo. Este CH completa as tarefas que lhe foram atribuídas (deteção, agregação de dados e envio para a BS).

Notas importantes:

E_o = Energia inicial do nó sensor normal

E_{elec} = Energia dissipada por bit para fazer funcionar o circuito do transmissor-recetor

E_{fs} = Coeficiente de energia do espaço livre

E_{mp} = Coeficiente de energia multipercurso

N = número de nós implantados na região

3.2 Descrição do algoritmo proposto:

O algoritmo proposto é semelhante ao algoritmo DEEC. Aqui, cada nó gasta energia de forma uniforme, rodando o papel de chefe de grupo entre todos os nós. Os cluster-heads são eleitos por uma probabilidade baseada no rácio entre a energia residual de cada nó e a energia média da rede. O número de rondas da época de rotação de cada nó é diferente consoante a sua energia inicial e residual, ou seja, o algoritmo proposto adapta a época de rotação de cada nó à sua energia. Os nós com uma energia inicial e residual elevada terão mais hipóteses de ser chefes de agrupamento do que os nós com pouca energia. Isto pode prolongar o tempo de vida da rede, especialmente o período de estabilidade, através de um algoritmo de agrupamento heterogéneo.

No modelo de rede heterogénea, suponhamos que existem N nós sensores, que estão uniformemente dispersos numa região quadrada M * M, fig (3.1). Os nós têm sempre dados a transmitir a uma estação de base, que se encontra frequentemente longe da zona de deteção. Este tipo de rede de sensores pode ser utilizado para localizar um objeto militar ou monitorizar um ambiente remoto. Sem perda de generalidade, assumimos que a estação de base está localizada no centro da região quadrada. A rede está organizada numa hierarquia de agrupamento e os chefes de agrupamento executam a função de fusão para reduzir os dados correlacionados produzidos pelos nós sensores dentro dos agrupamentos. Os chefes de agrupamento transmitem os dados agregados diretamente à estação de base. Para evitar a mudança frequente da topologia, assumimos que os nós são micro-móveis ou estacionários, como se supõe em [1].

Nas redes heterogéneas de dois níveis, existem dois tipos de nós sensores, ou seja, os nós avançados e os nós normais. E_o é a energia inicial dos nós normais e m a fração dos nós avançados, que possuem uma vez mais energia do que os nós normais. Assim, existem *mN* nós avançados equipados com uma energia inicial de $E_o\,(1 + a)$, e (1 - *m)N* nós normais equipados com uma energia inicial de E_o. A energia inicial total das redes heterogéneas de dois níveis é dada por:

$$E_{totle} = N * (1 - m) * E_o + N * m * (1 + am) * E_o$$

$$= N * E_o * (1 + am) \qquad \{3.1\}$$

Por conseguinte, as redes heterogéneas de dois níveis têm am vezes mais energia e praticamente m mais nós.

Também consideramos as redes heterogéneas de vários níveis. Para as redes heterogéneas de vários níveis, a energia inicial dos nós sensores é distribuída aleatoriamente pelo conjunto próximo [E_0, $E_o\,(1 + a_{max})$], em que E_o é o limite inferior e a_{max} determina o valor da energia máxima. Inicialmente, o nó S_i está equipado com uma energia inicial de $E_o\,(1 + a)$, que é a^{th} vezes mais energia do que o limite inferior E_o.

Tal como nas redes heterogéneas de dois níveis, o algoritmo de agrupamento deve ter em conta a discrepância da energia inicial nas redes heterogéneas de vários níveis.

De acordo com o modelo de dissipação de rádio, para atingir um SNR (rácio sinal-ruído) aceitável, a energia gasta por um nó para transmitir dados de L bits a uma distância d;

$$E_{TX}(L,d) = \begin{cases} L * E_{elec} + L * E_{fs} * d^2 & ,if\ d < d_o \\ L * E_{elec} + L * E_{mp} * d^4 & ,if\ d \geq d_o \end{cases} \qquad \{3.2\}$$

Onde,

$$d_o = \frac{E_{fs}}{E_{mp}}$$

{3.3}

Porque estamos a assumir que os nós estão uniformemente distribuídos na região M*M e como a BS está localizada no centro desta região, podemos obter a distância média do nó ao CH e do CH à BS como;

$$D_{to\ CH} = \frac{M}{\sqrt{2k\pi}} \quad \{3.4\}$$

$$D_{to\ BS} = \frac{0.765*M}{2} \quad \{3.5\}$$

A energia total dissipada na rede durante uma ronda é a soma da energia dissipada por um nó para toda a operação da rede numa ronda, que é a transmissão dos dados para o CH e depois do CH para a BS, a receção dos dados, processo de agregação de dados. A dissipação total de energia numa ronda é descrita como

$$E_{round} = L(2*N*E_{elec} + N*E_{DA} + k*E_{mp}*d^4_{to\ BS} + N*E_{fs}*d^2_{to\ CH})$$

{3.6}

A energia média da r^a ronda é a seguinte:

$$E_{avg}(r) = \frac{E_{total}*(1-\frac{r}{R})}{N}$$

{3.7}

Aqui R representa o total de rondas que a rede terá durante o seu tempo de vida e é definido da seguinte forma

$$R = \frac{E_{total}}{E_{round}} \quad \{3.8\}$$

O algoritmo proposto proporciona estabilidade à rede, uma vez que é calculado um número ótimo de cabeças de agrupamento para que não se formem agrupamentos desnecessários. Este número ótimo de cabeças de cluster é dado por

$$k_{opt} = \frac{M\sqrt{N * E_{fs}}}{d_{to\ BS}^{2}\sqrt{2\pi E_{mp}}}$$

{3.9}

A probabilidade numa rede heterogénea de 2 níveis proposta e os algoritmos existentes são definidos como

$$P_{ADV} = \frac{P_{opt}}{(1 + am)}$$

{3.10}

$$P_{NRM} = \frac{P_{opt} * (1 + a)}{(1 + am)}$$

{3.11}

Como os algoritmos anteriores para ambientes heterogéneos propuseram muitos esquemas de limiar sobre a energia inicial, a distância da BS, o tamanho do agrupamento, etc., mas aqui o valor do limiar proposto é sobre a energia residual do nó sensor. Para o processo de seleção do CH, a energia residual do nó candidato é comparada com este valor limite. Há dois casos neste cenário,

***Caso-1**: quando a energia residual do nó é maior ou igual ao valor limite proposto*:

O nó avançado e o nó normal têm diferentes probabilidades de seleção. O nó avançado é preferido como nó de cluster-head devido aos seus atributos de energia mais elevados, enquanto o nó normal é selecionado como cluster-head apenas quando o nó avançado não está disponível no cluster.

Caso-2: ***quando a energia residual do nó é inferior ao valor limite proposto***:

O nó avançado e o nó normal partilham a mesma probabilidade de seleção para serem cabeças de agrupamento. A razão por detrás disto é manter o nó avançado vivo e tratado como um nó normal durante mais algumas rondas, caso contrário o nó avançado morrerá logo que seja selecionado como cabeça de agrupamento, esgotando a energia disponível nas operações da rede.

Neste caso, como o número de nós normais é menor, a energia média da rede está a ser menor, pelo que, neste algoritmo proposto, assume-se, ao longo de várias simulações, que é 0,02 da energia total disponível na fase inicial.

A função de probabilidade para isso é dada como;

$$P_i = \begin{cases} \dfrac{P_{opt} * E_i(r)}{(1+am) * E_{avg}(r)} & E_i(r) > E_{TH}, for\ normal\ node \\ \dfrac{P_{opt}(1+a)E_i(r)}{(1+am) * E_{avg}(r)} & E_i(r) > E_{TH}, for\ advance\ node \\ \dfrac{0.02P_{opt}(1+a) * E_i(r)}{(1+am) * E_{avg}(r)} & E_i(r) \leq E_{TH}, for\ both\ type\ node \end{cases}$$

{3.12}

Neste caso, o valor limiar proposto é definido como,

$E_{TH} = 0\text{-}7E(o)$

O cálculo da energia residual é efectuado individualmente por cada nó. No algoritmo proposto, o novo CH para a ronda seguinte foi selecionado antes do final da ronda atual, porque cada nó conhece a energia média da ronda, pelo que calcula aproximadamente a sua energia residual para a ronda seguinte na ronda atual. Este esquema ajuda a rede a evitar a inundação para a seleção do novo CH, que consome uma quantidade considerável de energia.

3.3 Etapas de programação do algoritmo proposto:

Notações de programação:

R_c = Alcance rádio do nó

R_s = Intervalo de deteção do nó

CH = cabeça de agrupamento

H_1 = Membro de 1 salto

N = conjunto de nós genéricos da rede

T_{max} = Tempo limite para a inicialização

T_{sh} = Período de tempo TDMA para uma ronda

L = tamanho do pacote de dados

N_{UN} = Número de nós não agrupados em torno de cada nó

Grau do nó = número de vizinhos de cada nó

E_{TH} = Limiar de energia

E_{re} = Energia residual do nó

FASE-1: ***fase de inicialização***

- A BS transmite a mensagem INITIALIZATION aos seus nós vizinhos.
- Todos os nós aguardam o período de tempo T_{max} para que todos os nós da rede recebam a mensagem INITIALIZATION.
- Todos os nós calculam agora a sua E_{RE} e, através da E_{TH}, o CH é selecionado.
- O CH recentemente selecionado envia uma mensagem de estado ao seu H_1.

FASE-2: ***fase de formação do agrupamento***

- Os nós recebem a mensagem STATE atribuída com o novo ID, se não houver nenhum ID disponível.
- Envia a mensagem STATE aos seus nós vizinhos.

FASE-3: ***Fase de migração do CH***

- O novo CH é um processo de seleção que ocorre em cada T_{sh} e verifica as seguintes condições:

1. O CH atual tem a energia residual mais elevada entre os nós da vizinhança; o CH permanece como está na ronda seguinte.
2. Existe outro nó na vizinhança com mais energia do que o atual CH; o nó é selecionado como CH na ronda seguinte.

- Se um novo nó for selecionado como CH, o CH atual deixa uma mensagem ABDICATE ao seu H_1
- H_1 Tornam-se nós não agrupados quando recebem a mensagem ABDICATE do seu CH.

3.4 Fluxograma do algoritmo proposto

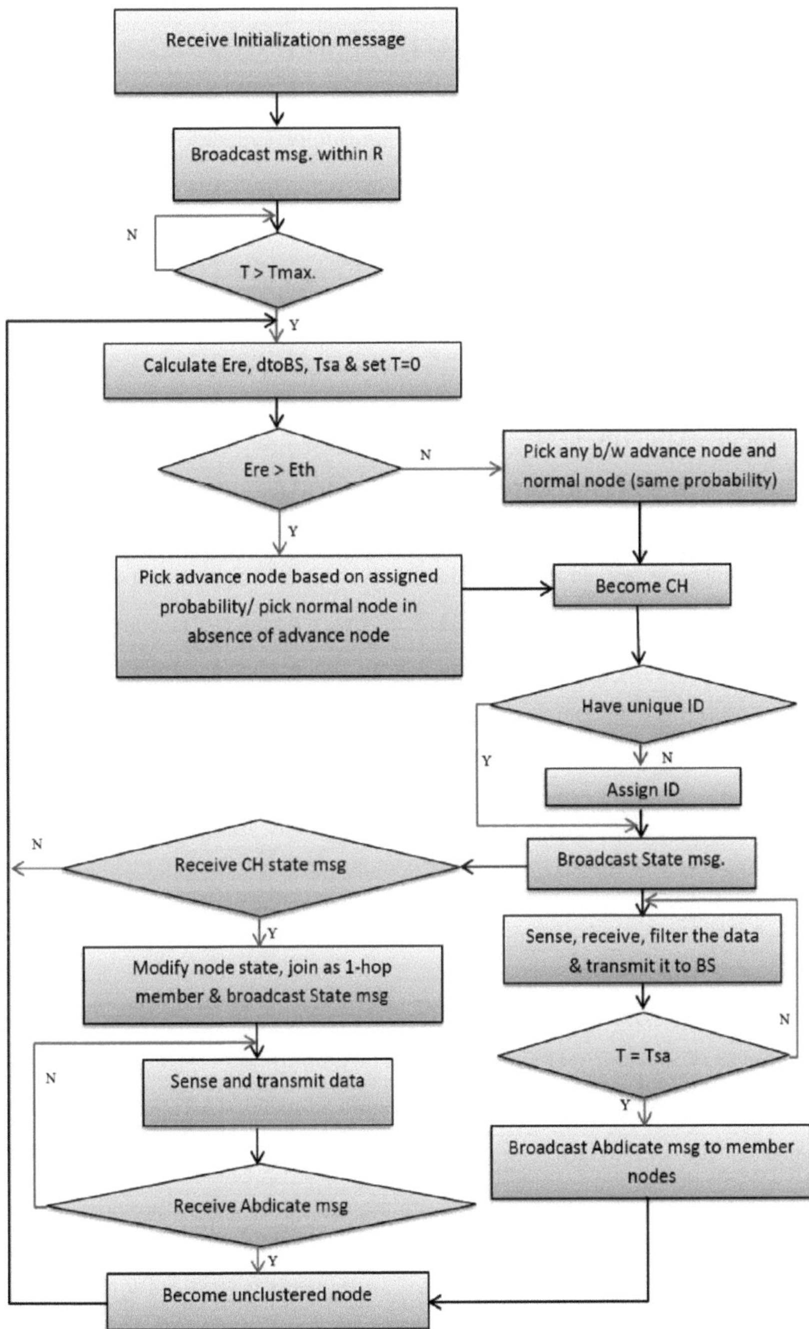

CAPÍTULO-4

AVALIAÇÃO DO DESEMPENHO

Neste capítulo, avaliamos os resultados simulados do algoritmo proposto e do algoritmo DEEC. O desempenho de ambos os algoritmos é medido com base em três métricas de desempenho. O algoritmo proposto apresenta melhorias no tempo de vida da rede, mas com o custo da morte prematura dos nós.

Este capítulo contém o conjunto experimental p para simulações do algoritmo proposto, seguido da análise dos resultados e da avaliação dos resultados em termos de métricas de desempenho.

4.1 Instalação experimental:

Já foi demonstrado que permitir diferentes probabilidades para os nós avançados e para os nós normais num ambiente de rede de sensores sem fios heterogéneo aumenta significativamente o tempo de vida da rede. O algoritmo DEEC para redes de sensores sem fios heterogéneas introduzido em [13] mostra uma melhoria considerável no tempo de vida da rede em comparação com o protocolo de eleição estável e o LEACH. O algoritmo proposto é semelhante ao algoritmo DEEC em termos de arquitetura de agrupamento e comunicação, mas tem uma abordagem diferente no processo de eleição do CH.

Nestas experiências, medimos a forma como o tempo de vida da rede é melhorado com diferentes abordagens probabilísticas aos nós sensores com base nos seus atributos disponíveis.

Nas simulações, medimos alguns parâmetros-chave como o nível de energia de cada nó, a transferência de dados entre nós, a taxa de nós mortos em relação ao número de rondas. Estas simulações são programadas utilizando a função MATLAB e executadas na versão licenciada MATLAB 2011 na plataforma do sistema operativo WINDOWS.

O MATLAB (matrix laboratory) é um ambiente de computação numérica e uma linguagem de programação de quarta geração. O MATLAB permite a manipulação de matrizes, a representação gráfica de funções e a implementação de dados de algoritmos.

4.1.1Configuração da topologia de rede:

A topologia da rede para simulação é constituída por nós distribuídos aleatoriamente. Esta distribuição aleatória dos nós é efectuada através da função geradora pseudo-aleatória do MATLAB, que gera um número aleatório para a posição do nó em termos de coordenadas aleatórias (x,y). Este esquema funciona numa topologia de grelha simples em que o nó é distribuído de acordo com as suas coordenadas, que são virtualmente linha e coluna na topologia de grelha.

Para validar os esquemas propostos, as simulações são efectuadas numa área de 100m *100 m com 100 nós sensores distribuídos aleatoriamente:

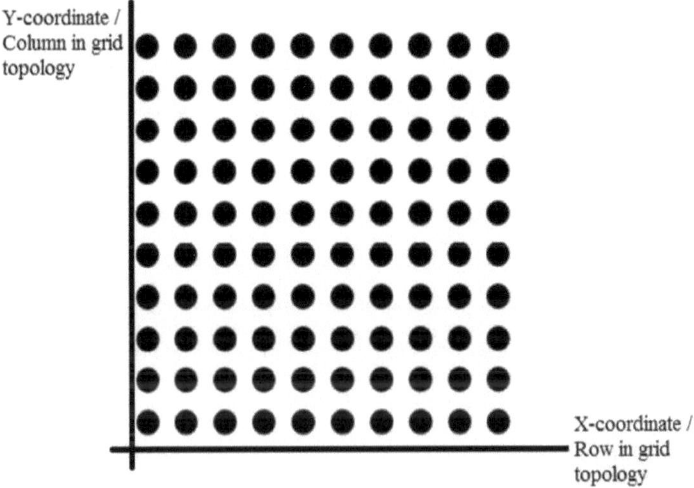

Figura 4.1: Coordenadas físicas do nó em termos da topologia da grelha (simulação)

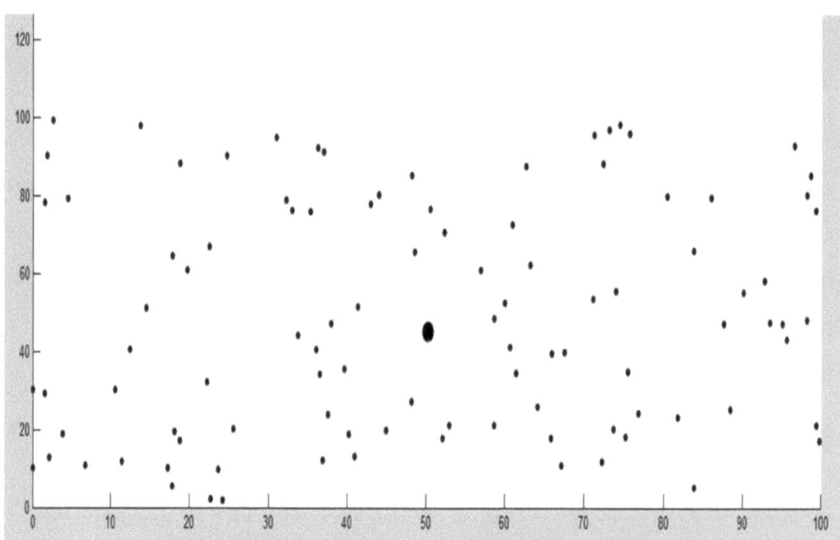

Figura 4.2: Implantação real de nós aleatórios na região simulada

A figura 4.2 mostra claramente como a implantação aleatória de nós ocorre na simulação com base na topologia da rede. Na figura 4.2, a estação de base é colocada no meio da região de implantação.

Nesta arquitetura topológica, o número de nós avançados é inferior ao número de nós normais. Este número é definido de forma aleatória, mas aqui é fixado em 20% para todas as simulações. O resultado pode variar em função deste valor, porque o aumento deste valor pode aumentar o tempo de vida da rede, uma vez que o aumento do número de nós avançados aumenta a energia média da rede.

4.1.2Configuração da energia do nó:

Nas simulações, a energia do nó é atribuída ao respetivo nó de acordo com a rede de sensores sem fios heterogénea. Aqui, os nós avançados têm mais atributos de energia do que os nós normais.

Aqui estão duas avaliações iniciais da energia são feitas a 0,5 J e 1,0 J. Estas duas são atribuídas ao nó normal como energia inicial igual a E_o na primeira avaliação e na segunda

avaliação. Por outro lado, os nós avançados têm mais energia por um fator de (1+a), em que 'a' é uma fração de energia superior à do nó normal. Aqui, para todas as simulações, é fixado em 0,4711 ou 47,11% mais do que o nó normal.

Uma vez que os nós avançados aumentam a energia média da rede, a sua contagem deve ser mantida no nível ótimo. Nas simulações, adoptamos o valor de 20% do total de nós disponíveis para a implantação.

4.1.3Outros parâmetros:

Os parâmetros adicionais necessários para as simulações são indicados a seguir:

Parameters	**Simulation value**
E_{elec}	5 nJ/bit
E_{fs}	10 pJ/bit/m^2
E_{mp}	0.0013 pJ/bit/m^4
E_o	0.5J and 1.0J
E_{DA}	5 nJ/bit/message
d_o	70m
L	4000bits
P_{opt}	0.1

Tabela 4.1: Parâmetros adicionais para as simulações

Aqui, a energia inicial do nó E_o é de 0,5J e 1,0J para dois casos de cenário de rede de sensores sem fios. Os valores do coeficiente de energia multipercurso e de espaço livre são os seguintes: E_{mp} = 0,0013pJ/bit/m^4 e E_{fS} = 10 pJ/bit/m^2, respetivamente, como indicado no modelo de rádio [1] para d_0 = 70 m; distância padrão para o alcance de transmissão dos nós sensores *(ZIGBEE- CC2530 e CC2520 da TEXAS instruments).*

A energia gasta para a agregação de dados é E_{DA} = 5 nJ/bit/mensagem definida para o nó sensor. Este valor médio foi calculado para o processo de agregação de dados no *ZIGBEE- CC2530 e CC2520 pelos instrumentos TEXAS* para quadros de dados de 4000 bits.

O comprimento dos dados manteve-se em 4000 bits, de acordo com o comprimento do pacote de dados UDP utilizado pelo nó sensor para transmitir os dados detectados e as informações de controlo.

A probabilidade óptima para a seleção do CH é definida como P_{opt}= 0,1, ou seja, 10% dos nós são elegíveis para o processo de seleção do CH para reduzir os cluster heads e clusters indesejados na rede.

4.2 Análise dos resultados e avaliação do desempenho:

Nas simulações, a comparação entre o algoritmo proposto e o algoritmo DEEC tem lugar em dois casos diferentes de energia inicial,

- **Caso-1:** quando a energia inicial do nó normal E_o= 0,5J
- **Caso-2:** quando a energia inicial do nó normal E_o= 1,0J

O resultado de ambos os casos é medido através destes indicadores, que são descritos a seguir;

- **Primeiro nó morto em relação ao número de rondas:** Esta métrica mostra o primeiro nó esgotado com a energia disponível. Nesta altura, os nós implantados começam a morrer ou a ficar esgotados, pelo que este é um ponto crítico a medir. Esta métrica é medida com o respetivo número de rondas.

- **10% de nós mortos em relação ao número da ronda:** Esta métrica indica o número da ronda em que 10% de todos os nós implantados estão mortos ou esgotados com energia. Esta métrica é importante para medir a taxa de esgotamento dos nós em RSSF heterogéneas.

- **Todos os nós mortos:** Esta métrica é medida quando não há sequer um único nó de todos os nós implantados disponível para operações de rede. Nesta altura, a rede é considerada morta. Também é medida em função do número de rondas.

4.2.1Comparação do tempo de vida da rede:

- Para a energia inicial do nó normal E_o= 0,5J

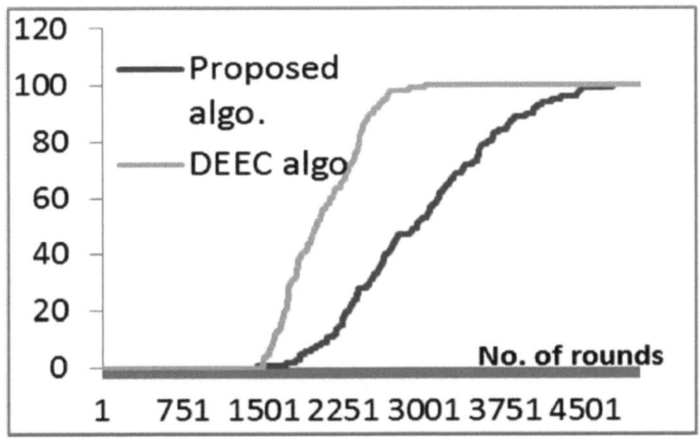

Figura 4.3 Algoritmo proposto e DEEC com N =100 nós e E_o=0,5J

- Para a energia inicial do nó E_o = 1,0J

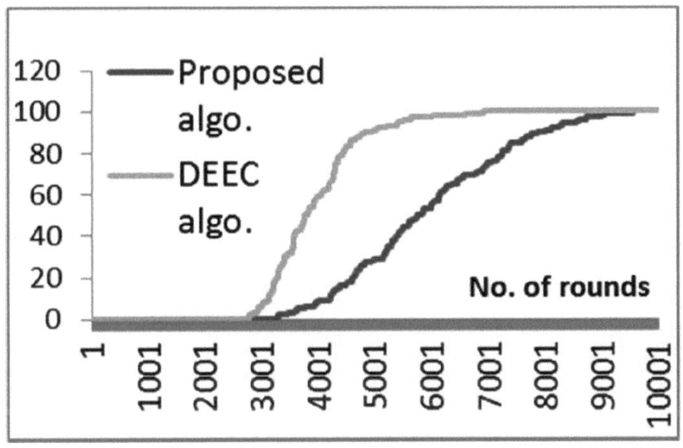

Figura 4.4: Algoritmo proposto e DEEC com 100 nós e E_o = 1,0J

4.2.2Análise dos resultados:

Para o Caso-1, em que são instalados 100 nós heterogéneos com E_o= *0,5J*, o desempenho métrico é o seguinte:

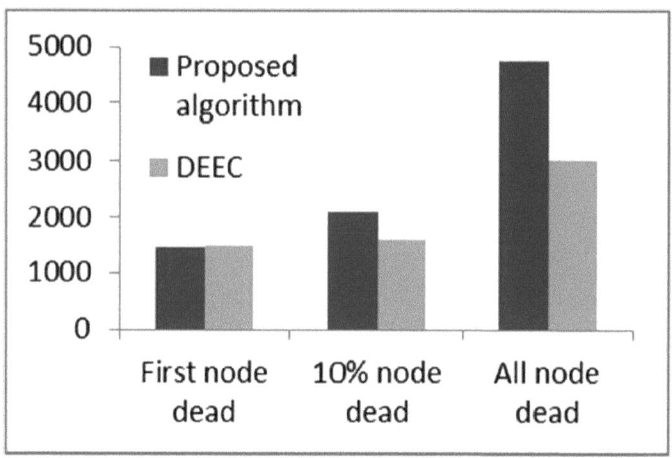

Figura 4.5: Comparação de resultados no caso-1

No Caso-1, é evidente que o algoritmo proposto apresenta um melhor desempenho do que o algoritmo DEEC com uma anomalia. Tal como na métrica do primeiro nó morto, o algoritmo proposto mostra uma morte mais precoce do nó em comparação com o algoritmo DEEC. Mas noutras duas métricas, o tempo de vida da rede regista uma melhoria significativa. O algoritmo proposto apresenta uma taxa de mortalidade inferior à do DEEC após a ronda do primeiro nó morto. A taxa de mortalidade média global por ronda de ambos os algoritmos foi calculada como 0,0135 nós por ronda no algoritmo proposto e 0,0325 nós por ronda no algoritmo DEEC. Esta taxa média de mortalidade por ronda mostra claramente que o algoritmo proposto tem um tempo de vida da rede maior do que o algoritmo DEEC.

O único inconveniente observado no algoritmo proposto através desta análise é o facto de o primeiro nó ter morrido mais cedo do que o DEEC. A explicação para esta desvantagem pode ser dada como, devido ao valor do limiar de energia, pode ser possível que o nó normal seja selecionado como CH no presente do nó avançado; que tem energia residual inferior ao limiar. Este nó normal recém-selecionado dissipa a energia mais rapidamente devido aos atributos de rede menos/mais baixos, o que resulta na morte precoce do nó. Mas, no final, devido à baixa taxa de mortalidade, o algoritmo proposto apresenta um tempo de vida mais longo da rede.

No caso do Caso-2, 100 nós sensores são implantados num cenário sem fios heterogéneo, equipados com $E_o = 1.0J$, sendo as métricas de desempenho as seguintes

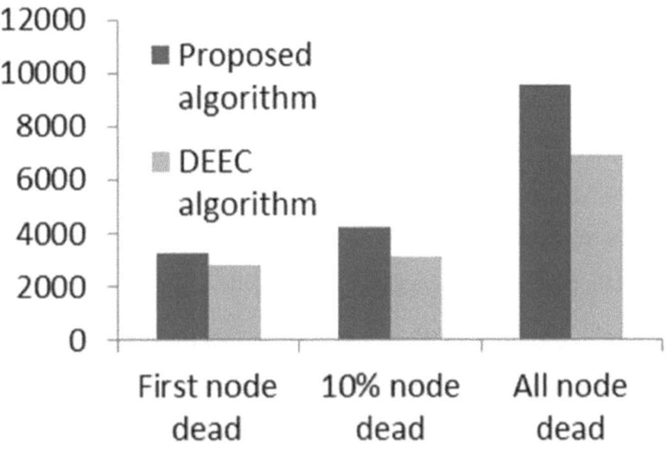

Figura 4.6: Comparação de resultados no Caso-2

No caso 2, todas as métricas apresentaram resultados positivos para melhorar o tempo de vida da rede. Aqui, no caso do algoritmo proposto, todas as métricas mostram resultados melhorados, mesmo na métrica do primeiro nó morto.

Aqui a energia inicial do nó é o dobro do caso anterior (Caso-1) e a métrica de morte do primeiro nó é positiva para o algoritmo proposto. Tal como no Caso-2, o primeiro nó morre após algumas rondas, após o algoritmo DEEC, pelo que a afirmação anterior no Caso-1 relativa à morte prematura do primeiro nó no algoritmo proposto é verdadeira, porque quando *a* E_o aumenta, o nó normal pode manter-se vivo durante muito mais tempo do que no Caso-1 após ser eleito CH.

O desempenho global da métrica em termos de morte do primeiro nó, morte do $^{10^o}$ nó e de todos eles diz que o algoritmo proposto tem um bom desempenho no caso-2. Aqui, o algoritmo proposto apresenta uma taxa de mortalidade acentuada para os primeiros 10% do que o DEEC, o que se deve ao facto de esgotar vários nós para manter o primeiro nó morto a uma distância de 487 rondas do que o DEEC. Depois de 10% dos nós, o algoritmo apresenta uma taxa de queda ou de morte de nós inferior à do DEEC, o que é viável para melhorar o tempo de vida global da rede.

CAPÍTULO-5

CONCLUSÃO

Neste livro, introduzimos um novo esquema melhorado para prolongar o tempo de vida da rede num ambiente heterogéneo de redes de sensores sem fios. Neste cenário, as operações e a gestão da rede são complexas e a seleção do CH é uma parte crítica das operações da rede. O esquema proposto utiliza o modelo de probabilidade de nó heterogéneo baseado no esquema de limiar de energia, tal como proposto no algoritmo para lidar com este processo de seleção de CH na rede.

No trabalho, é utilizado um simulador personalizado para avaliar o desempenho das abordagens propostas e comparar o esquema proposto com o algoritmo DEEC existente. Os resultados das simulações indicam claramente que o esquema proposto melhorou consistentemente o desempenho. Também observámos que a métrica específica utilizada para medir o tempo de vida da rede tem um efeito significativo no desempenho.

Neste trabalho, todos os nós implantados são considerados fixos na posição em que foram implantados. Há uma oportunidade considerável para a investigação no cenário dos nós móveis. Outro problema é melhorar o esquema proposto para nós de energia inicial mais baixa. Por último, será interessante alargar o algoritmo proposto a um cenário de rede heterogénea de nós móveis. Neste contexto, será necessário determinar a velocidade do nó móvel em função da sua posição e do número de nós móveis e não móveis.

REFERÊNCIAS

[1] Y. Li, M. Thai e W. Wu, "Topology control for wireless sensor networks, "Wireless Sensor Networks and Applications, Heidelberg: Springer, 2008, pp.113-147 .

[2] S . Bandyopadhyay e E. J. Coyle, "An Energy Efficient Hierarchical Clustering Algorithm for Wireless Sensor Networks," IEEE INFOCOM, abril de 2003

[3] C.E.Nishimura e D.M.Conlon, "IUSS dual use: Monitorização de baleias e sismos utilizando o SOSUS," Mar. Technol. Soc. J., vol. 27, no. 4, 1994.

[4] A. Mainwaring et al., "Wireless Sensor Networks for Habitat Monitoring," Actas do 1º Workshop Internacional ACM sobre WSN, 2002.

[5] C.Y.Chong, S.Mori, e K.C.Chang, "Distributed multitarget multisensory tracking," in Multitarget Multisensor Tracking:Advanced Applications, 1990

[6] C. Intanagonwiwat et al., "Direted Diffusion for Wireless Sensor Networking," IEEE/ACM Transaction on Networking, vol. 11, no. 1, Feb. 2003

[7] Yan Zhang, Laurence T. Yang & Jiming Chen, 2010, RFID and Sensor Networks, auerbach publication, International Standard Book Number:978-1-4200-7777-3

[8] W. Rabiner Heinzelman e H. Balakrishnan, 2000. Energy-Efficient communication Protocol for Wireless microsensor networks, IEEE, Proceeding of the 3rd Hawali International Conference on System Science.

[9] W. Heinzelman, A. Chandrakasan e H. Balakrishnan, 2002. An application specific protocol architecture for wireless microsensor networks, IEEE Transactions on Wireless Communications.

[10] Georgios Smaragdakis e Ibrahim Matta, 2004. SEP: A Stable Election Protocol for Clustered Heterogeneous Wireless Sensor Networks (Um protocolo de eleição estável para redes de sensores sem fios heterogéneas em cluster).

[11] O. Younis, S. Fahmy, 2004. HEED: A Hybrid, Energy-Efficient, Distributed clustering approach for Ad Hoc sensor networks, IEEE Transactions on Mobile

Computing.

[12] P. Ding, J. Holliday, 2005. A. Celik, Distributed energy efficient hierarchical clustering for wireless sensor networks, In: Actas da Conferência Internacional do IEEE sobre Computação Distribuída em Sistemas de Sensores (DCOSS'05).

[13] L. Qing, Q. Zhu, M. Wang, 2006. Conceção de um algoritmo de agrupamento distribuído eficiente em termos energéticos para as redes de sensores sem fios terogéneas, In ELSEVIER, Computer Communications.

[14] Changmin Duan, 2007. A Distributed Energy Balance Clustering Protocol for Heterogeneous Wireless Sensor Networks, IEEE WiCon,

[15] Guihai Chen - Chengfa Li, 2007. Um protocolo de encaminhamento baseado em clusters desiguais em redes de sensores sem fios, Springer Science Business Media, LLC.

[16] R.S. Marin-Perianu e J. Scholten, 2007. Cluster-based service discovery for heterogene ous wireless sensor networks, International Journal of Parallel, Emergent and Distributed Systems

[17] Chong Wang e Jiakang Liu, 2009. An Improved LEACH Protocol for Application Specific Wireless Sensor Networks, IEEE: WiCOM 09 Proceedings of the 5th International Conference on Wireless Communication Networking and Mobile Computing.

[18] D. Kumar, 2009. Energy Efficient Heterogeneous Clustered Scheme for Wireless Sensor Networks, In Elsevier Computer Communications.

[19] B. Elbhiri e R. Saadane, 2009. Stochastic Distributed Energy-Efficent Clustering (SDEEC) para redes de sensores sem fios heterogéneas.

[20] Elbhiri Brahim e Saadane Rachid, 2009. Stochastic and Balanced Distributed Energy Efficient Clustering (SBDEEC) for heterogeneous wireless sensor networks, Signal Processing and communications group UPC.

[21] Dilip Kumar e Trilok C., 2010. Distributed Cluster Head Election (DCHE) Scheme for Improving Lifetime of Heterogeneous Sensor Networks, Tamkang Journal

of Science and Engineering

[22] Parul Saini, Ajay K Sharma, 2010. Energy Efficient Scheme for Clustering Protocol Prolonging the Lifetime of Heterogeneous Wireless Sensor Networks, International Journal of Computer Applications

[23] Kyung Tae Kim e Han Ku Yoo, 2010. EECS: An Energy Effic ient Cluster Scheme In Wireless Sensor Networks, IEEE International Conference on Computer and Information Technology.

[24] Babar Nazir e Halabi Hasbullah, 2010. Protocolo de agrupamento baseado em nós móveis para otimização do tempo de vida em redes de sensores sem fios, In: Conferência Internacional sobre Tecnologia Inteligente e da Informação.

[25] Elbhiri B. e R. Saadane, 2010. Developed Distributed Energy-Efficient Clustering (DDEEC) for heterogeneous wireless sensor networks, In IEEE I/V Communications and Mobile Network (ISVC).

[26] Ben Alla Said e EZZATI Abdellah, 2010. LEACH melhorado e equilibrado para redes de sensores sem fios heterogéneas.

[27] Jinchul Choi e Chaewoo Lee, 2011. Energy consumption and lifetime analysis in clustered multi-hop wireless sensor networks using the probabilistic cluster-head selection method, EURASIP Journal on Wireless Communications and Networking.

[28] Md. Golam Rashed e M. Hasnat Kabir, 2011. WEP: an Energy Efficient Protocol for Cluster Based Heterogeneous Wireless Sensor Networ, International Journal of Distributed and Parallel Systems (IJDPS).

[29] Siva Ranjani. S e Radha Krishnan.S, 2012. Agregação de dados baseada em clusters com eficiência energética para redes de sensores sem fios, IEEE Recent Advances in Computing and Software Systems (RACSS).

[30] Sanjeev Kumar Gupt a, Neeraj Jain e Poonam Sinha, 2012. Uma técnica de agrupamento equilibrado de energia de controlo de densidade para redes de sensores sem fios implantadas aleatoriamente, Conferência IEEE WOCN 2012

[31] P. Neamatollahi, H. Taheri, M. Naghibzadeh, e M. H. Yaghmaee, "A hybrid

clustering approach for prolonging lifetime in wireless sensor networks," in Proceedings of the International Symposium on Computer Networks and Distributed Systems (CNDS '11), pp. 170-174, fevereiro de 2011

[32] X. Wang e G. Zhang, "Decp: a distributed election clustering protocol for heterogeneous wireless sensor networks," in Proceedings of the 7th international conference on Computational Science (ICCS '07), pp. 108-105, 2007.

[33] C. Li, M. Ye, G. Chen, e J. Wu, "An energy-efficient unequal clustering mechanism for wireless sensor networks," in Proceedings of the 2nd IEEE International Conference on Mobile Ad-hoc and Sensor Systems (MASS '05), pp. 604-611, novembro de 2005.

[34] Xiaojiang Du e Fenging Lin, 2005. Designing Efficient Routing Protocol for Heterogeneous Sensor Network, IEEE, Performance, Computing and Communication conference.

[35] Vijay Kr. Chaurasiya e S. Rahul Kumar, 2008. Clustering baseado em tráfego em redes de sensores sem fios, IEEE WCSN.

[36] Jung-Hwan Kim e Chauhdary Sajjad Hussain, 2008. PRODUCE: A Probability-Driven Unequal Clustering Mechanism for Wireless Sensor Networks, IEEE, 22nd International Conference on Advanced Information Networking and Applications - Workshops, WAINA

[37] Mehdi Saeidmanesh e Mojtaba Hajimohammadi, 2009. Energy and Distance Based Clustering: An Energy Efficient Clustering Method for Wireless Sensor Networks, Academia Mundial de Ciência, Engenharia e Tecnologia.

[38] Kyounghwa Lee e Hyeopgeon Lee, 2010. A Density and Dist ance based Cluster Head Selection Algorithm in Sensor Networks, IEEE, ICACT.

[39] Qingchao Zheng, 2010. An Energy Efficient Clustering Scheme with Self Organized ID Assignment for Wireless Sensor Networks, Parallel and Distributed Systems (ICPADS), 2010 IEEE 16th International Conference.

[40] Mehrani, M., 2010. FEED: Fault tolerant, energy efficient, distributed Clustering

for WSN, IEEE, Advanced Communication Technology (ICACT).

[41] Ashok Kumar e Narottam Chand, 2011. Location Based Clustering in Wireless Sensor Network, Academia Mundial de Ciência, Engenharia e Tecnologia.

[42] Sanjeev Kumar Gupta, Neeraj Jain e Poonam Sinha, 2012. Node Degree Based Clustering for WSN, International Journal of Computer Applications (IJCA).

Printed by Books on Demand GmbH, Norderstedt / Germany